GUÍAPRÁCTICADE
TEORÍADEMÚSICAMODERNA
PARAGUITARRISTAS

Con más de 180 minutos de ejemplos en audio

JOSEPHALEXANDER

FUNDAMENTALCHANGES

Guía Práctica De Teoría De Música Moderna Para Guitarristas

Con más de 180 minutos de ejemplos en audio

Publicado por **www.fundamental-changes.com**

ISBN: 978-1-910403-53-2

Copyright © 2019 Joseph Alexander

Traducido por E. Gustavo Bustos

El derecho moral de este autor se ha reconocido.

www.fundamental-changes.com

Contenido

Introducción

"Tengo que aprender teoría de la guitarra" ...

Esta es *la* frase más común que escucho como profesor de guitarra privado.

Considera lo que significa esta frase para ti. ¿Por qué crees que sacarás provecho de *"saber la teoría de la guitarra"*? ¿Qué harás con eso? ¿Cómo te hará eso un mejor intérprete? ¿Cuál es tu *objetivo* real?

Mi creencia es que la afirmación anterior tiene un par de defectos. En primer lugar, ¿qué es la teoría de la *guitarra*? La guitarra es un instrumento musical, y no hay ninguna teoría de la *guitarra* específica. Lo que voy a enseñarte en este libro es la *teoría de la música* que se aplica a la guitarra, desde el punto de vista de un guitarrista.

Un guitarrista de rock con buena razón se acerca a la música (y a la teoría de la música), de manera muy diferente que un pianista clásico. Cuando tocamos un solo, utilizamos escalas *pentatónicas* y *modales* principalmente por lo que nuestro punto de vista musical no necesariamente empieza desde las escalas Mayor y Melódica Menor como podría suceder si recibiéramos la formación clásica. La primera escala que la mayoría de los guitarristas aprende en la guitarra es la *pentatónica menor*. Es nuestro sonido "de arranque" antes de empezar a explorar conceptos más avanzados.

Hoy es el día en que dejarás de verte a ti mismo como un guitarrista que toca música. Tu eres un músico que toca la guitarra.

Sin embargo, es importante recordar que la teoría es simplemente una manera de comunicar ideas. El hecho de que los intérpretes clásicos y de rock puedan explicar una idea en forma diferente, no quiere decir que uno está equivocado, sólo significa que tienen una perspectiva diferente y cada una es útil en diferentes maneras.

Mi segundo problema con la afirmación "Tengo que aprender teoría de la guitarra", es que *no tiene sentido saber la teoría a menos que la puedas aplicar musicalmente.*

Imagina por un momento que supieras todas las reglas de la gramática española: Sabrías todo acerca de los pronombres, el subjuntivo, preposiciones y verbos, etc. .... Imagina que sabes todo eso, **pero** que no sabes cómo hablar. Esa es una buena analogía para estudiar la teoría sin aprender el vocabulario para aplicarla. ¿Qué tipo de músico quieres ser?

Estoy escribiendo este libro porque siento que hay una tendencia de los guitarristas hacia conocer la teoría, pero no saber cómo hacer música con ésta. En este libro doy ejemplos reales y constructivos de *todos* los temas incluidos. Si sólo conoces la teoría y no la forma de ponerla en práctica, es como pedir a alguien que describa el color azul. ¿No es más fácil tener un poco de pintura azul para mostrar?

Hay muchas maneras diferentes para describir las ideas de este libro. Espero que la forma en que abordo y demuestro cada tema funcione para ti. Hay pistas de audio para cada concepto importante que se puede descargar desde **www.fundamental-changes.com/audio-downloads** totalmente gratis.

Es importante que puedas escuchar cada concepto en su contexto, incluso si no entiendes de inmediato la idea. Te sorprenderás de lo mucho que se puede entender sólo escuchando cada ejemplo. La música se trata de sonidos y sentimientos, no palabras en el papel; así que no te preocupes si una idea parece compleja en un principio. Si todo lo demás falla, por favor envíame un correo electrónico a través de la página web mencionada y haré todo lo posible para responder tus preguntas.

Obtén El Audio

Los archivos de audio de este libro se pueden descargar de forma gratuita en **www.fundamental-changes.com** y el enlace se encuentra en la esquina superior derecha. Sólo tienes que seleccionar el título de este libro en el menú desplegable y seguir las instrucciones para obtener el audio.

Recomendamos descargar los archivos directamente a tu computador, no a la tableta, y extraerlos allí antes de añadirlos a tu biblioteca multimedia. Luego, ya puedes ponerlos en tu tableta, iPod o grabarlos en un CD. En la página de descarga hay un archivo de ayuda en PDF y también ofrecemos soporte técnico a través del formulario en la página de descargas.

Kindle / Lectores Electrónicos

Para sacarle el mayor provecho a este libro, recuerda que puedes pulsar dos veces cada imagen para verla más grande. Apaga la "visualización en columnas" y mantén tu Kindle en modo horizontal.

Agradecimientos a **Quist** por proporcionar todas las excelentes pistas de acompañamiento para este libro

Primera Parte – Construcción De La Escala Mayor, Acordes Y Armonía

La primera parte de este libro analiza los "fundamentos" de la música occidental. Es esencial que entiendas estos conceptos antes de pasar a la segunda parte, donde se discuten los *modos* de la escala mayor y los muchos enfoques que podemos tomar cuando los utilicemos para hacer solos.

En la primera parte, analizamos cómo se construyen las escalas, qué las hace únicas, su armonización (acordes), y la transposición de las progresiones en diferentes tonalidades. También aprenderemos cómo se comunican los músicos con un lenguaje estandarizado basado en números romanos y cómo nombrar con precisión las diferentes notas de una escala.

¿Qué es una Escala?

Una escala es una serie de pasos entre dos puntos fijos musicales. Estos dos puntos fijos son siempre la misma nota, pero en diferentes *octavas*. Por ejemplo, estos puntos pueden ser ambos la nota "Do", siendo una más aguda que la otra:

Ejemplo 1a:

(Ve a **www.fundamental-changes.com/audio-downloads** para obtener todos los ejemplos de audio y pistas de acompañamiento de este libro).

Escucha el ejemplo anterior. Se puede oír que, si bien las notas son fundamentalmente las mismas, están en un *tono* diferente. Una escala es simplemente una manera de dividir el espacio entre estas notas.

Una manera de verlo es imaginar una escalera en la que el primer y el último peldaño están fijos, pero se puede cambiar el espaciado entre cualquiera de los peldaños en el medio. Algunos espacios pueden ser más pequeños, algunos más grandes, pero sin importar cómo los acomodes, después de subir la escalera siempre terminarás en el mismo lugar fijo.

Los peldaños de nuestra escalera son las notas que tocamos, y los espacios entre los peldaños son las distancias entre éstas notas. Estas distancias se miden en *tonos* y *semitonos* – dos semitonos equivalen a un tono.

Es esta disposición de las notas la que hace que cada escala suene diferente y les da una sensación musical diferente.

Una vez hayas "ajustado" los peldaños de la escalera, puedes llevar tu escalera a cualquier ubicación diferente (nota), y reajustarla en una nueva posición. De la misma manera, cualquier escala del mismo *tipo* siempre tiene el mismo patrón de tonos y semitonos, sin importar cuál sea la nota de partida.

Por ejemplo, el patrón de tonos y semitonos es el mismo ya sea que estés tocando la escala de Do Mayor, Fa# Mayor, Sib Mayor o cualquier otra escala *mayor*.

Cada escala del mismo tipo siempre tiene el mismo patrón.

La Escala Mayor

Descripción General

A pesar de que no es una de las escalas más utilizadas por los guitarristas, la escala mayor ha sido el bloque de construcción fundamental de la armonía occidental durante los últimos 800 años. La mayor parte de los acordes que se escuchan en la música se pueden formar a partir de esta escala. Es esencial entender cómo funciona esta escala porque su patrón de distancias es el criterio por el cual describimos *cualquier* otro sonido musical.

Por supuesto, la escala mayor se usa en el rock, pero a menudo su onda extremadamente feliz es demasiado brillante para nosotros. Sin embargo, hay algunas grandes excepciones. Escucha **Friends** de Joe Satriani para una sensación mayor verdaderamente de triunfo.

Otras canciones que tal vez quieras escuchar, dependiendo de tu gusto musical son:

Jessica de los Allman Brothers
El tema principal de **Cliff of Dover** de Eric Johnson, (esto entra en acción en el minuto 2:32)
O incluso, **Like a Rolling Stone** de Bob Dylan

A menudo, es posible que una melodía se cree a partir de la escala mayor, antes de que un solo de guitarra se toque en una tonalidad menor para un sonido más rock, por ejemplo **Jump** de Van Halen

Es extremadamente importante que entendamos cómo funciona la escala mayor, y cómo crear la melodía y la armonía a partir de ésta, antes de seguir con en el resto de este libro, así que asegúrate de sentirte cómodo con las ideas de las siguientes secciones antes de pasar a la segunda parte.

Construcción

Volviendo a nuestra analogía de la escalera, podemos decir que el sonido particular o "sabor" de la escala mayor se debe a la forma en que los peldaños están espaciados entre los dos puntos fijos en cada extremo. En otras palabras, hay un patrón establecido de tonos y semitonos que dan a la escala mayor su calidad única. Vamos a descubrir cuales son.

La mejor manera de comenzar es examinando la escala de Do Mayor. No hay sostenidos y bemoles en esta escala, y si estuvieras tocando en un teclado, estarías empezando y terminando en la nota Do, y tocando sólo las teclas blancas (ninguna negra).

Por lo tanto, las notas en la escala de Do Mayor son;
Do Re Mi Fa Sol La Si
(En las gráficas se utiliza la notación internacional correspondiente: C D E F G A B)

La nota "Do" es la *raíz* de la escala, también conocida como la "tónica"

Puedes ya estar acostumbrado a tocar escalas en la guitarra a través del diapasón, sin embargo, para empezar, y para entender los patrones de tonos y semitonos, examinaremos esta escala tocada en una cuerda:

Ejemplo 2a:

Cada traste en la guitarra es un semitono, (dos trastes = un tono) así puedes ver que la distancia entre Do (C) y Re (D) es de 1 tono, y entre Mi (E) y Fa (F) es un semitono.

Cuando la escala se presenta de esta manera, se puede ver claramente que la distancia entre algunas notas es de 1 tono, y entre otras es de 1 semitono.

Escucha y reproduce el ejemplo 2a ahora. Memoriza este patrón, ya que es esencial para todo lo que viene después.

El diagrama anterior es la escalera para la escala mayor. Dondequiera que coloquemos la primera nota, el patrón de tonos y semitonos debe seguir siendo siempre el mismo si vamos a crear el sonido exacto de la escala mayor.

El patrón establecido es el siguiente:

Tono, Tono, Semitono, Tono, Tono, Tono, Semitono.

Do – Re Tono

Re – Mi Tono

Mi – Fa Semitono

Fa – Sol Tono

Sol – La Tono

La – Si Tono

Si – Do Semitono.

Debido a que estas notas son bloques de construcción importantes de toda la música, y siempre forman el mismo patrón de tonos y semitonos en cualquier tonalidad, se les da una fórmula:

1 2 3 4 5 6 7

Por simple que pueda parecer, se utiliza esta fórmula para ayudar a describir todas las otras escalas. Por ejemplo, más adelante en este libro verás la fórmula:

1 2 3 #4 5 6 7

Esta es una forma abreviada de decir que esta escala es idéntica en todo sentido a la escala mayor, excepto que la 4ta nota se ha *agudizado* en un semitono.

En la tonalidad original de Do Mayor teníamos las notas

Do Re Mi Fa Sol La Si (C D E F G A B)

Entonces la nueva fórmula nos dice que las notas serían

Do Re Mi Fa# Sol La Si (C D E F# G A B)

Construcción De La Escala Mayor En Otras Tonalidades

Para formar la escala mayor en la tonalidad de Do, simplemente empezamos en la nota Do y avanzamos a través de las notas hasta que regresamos al punto de partida. Vamos a probar esta idea a partir de un lugar diferente, por ejemplo, la nota "Sol":

Sol La Si Do Re Mi Fa (G A B C D E F)

Podemos comprobar para ver si los peldaños de nuestra escalera son los mismos. Recuerda el patrón de la escala mayor:

Tono, Tono, Semitono, Tono, Tono, Tono, Semitono.

Sol – La = Tono

La – Si = Tono

Si – Do = Semitono

Do – Re = Tono

Re – Mi = Tono

Mi – Fa = **Semitono**

Fa – Sol = **Tono**

Se puede ver que hay un problema con el patrón de tonos y semitonos en las últimas 2 notas, Fa(F) y Sol(G). Esto se ve más fácil en el diapasón.

Ejemplo 3a:

Toca este ejemplo y escucha cómo suena. ¿Puedes escuchar algo que no pertenece a una escala mayor?

El último peldaño de la escalera debe ser un semitono, y el anterior debe ser un tono, así:

Ejemplo 3b:

Para crear nuestro patrón de escala mayor de **Tono, Tono, Semitono, Tono, Tono, Tono, Semitono,** tuvimos que elevar la 7ma nota de la escala en un semitono.

Esta escala ahora tiene la misma construcción que la escala de Do mayor que estudiamos en el capítulo anterior:

1 2 3 4 5 6 7

Antes de que eleváramos la 7ma nota a Fa#, la habríamos descrito como:

1 2 3 4 5 6 b7

Teníamos que elevar la 7ma nota para hacer que estuviera de acuerdo con la fórmula de la escala mayor.

El Círculo De Quintas

No elegí la escala de Sol Mayor por casualidad. Es una regla de la música que, "si asciendes cinco notas en la escala mayor, y comienzas una nueva escala a partir de ahí, debes siempre agudizar la 7ma nota de la nueva escala para que se ajuste a la fórmula de la escala mayor."

Eso suena complejo en el papel, así que vamos a recapitular el ejemplo anterior y dar un vistazo a algunos otros.

Comenzando con la escala de Do Mayor, ascendí 5 notas. Do, Re, Mi, Fa, **Sol** (C, D, E, F, **G**)

A partir de la nota 5ta nota, Sol, formé una nueva escala, usando todas las notas de la escala de Do mayor anterior:

Sol La Si Do Re Mi Fa Sol (G A B C D E F G).

Luego agudicé (o elevé) la 7ma nota de la nueva escala para que coincidiera con la fórmula para una escala mayor.

Sol La Si Do Re Mi Fa# Sol (G A B C D E F# G)

Esta es ahora la escala de Sol Mayor, ya que obedece al patrón de **Tono, Tono, Semitono, Tono, Tono, Tono, Semitono.**

Vamos a estudiar el siguiente ejemplo:

Nuestra última escala fue Sol Mayor. Sube 5 notas; Sol La Si Do **Re** (G A B C **D**).

Forma una nueva escala desde Re e incluye todas las notas de la escala anterior:

Re Mi Fa# Sol La Si Do Re (D E F# G A B C D)

Agudiza la 7ma nota:

Re Mi Fa# Sol La Si Do# Re (D E F# G A B C# D)

Esto es ahora una escala de Re Mayor. Como puedes ver, se sigue el patrón de tonos y semitonos:

Ejemplo 3c:

D Major

Toca este ejemplo ahora para escuchar que la escala sea correcta.

Vamos a repetir este proceso una vez más:

Nuestra última escala fue Re Mayor. Sube 5 notas; Re Mi Fa# Sol **La** (D E F# G **A**)

Forma una nueva escala desde La, e incluye todas las notas de la escala anterior:

La Si Do# Re Mi Fa# Sol La (A B C# D E F# G A)

Agudiza la 7ma nota:

La Si Do# Re Mi Fa# **Sol#** La (A B C# D E F# **G#** A)

Ahora hemos formado la escala de La Mayor. Verifícala de la misma manera para asegurarte de que es correcta.

Siguiendo esta regla, podemos formar todas las escalas mayores en "clave de sostenido". Esta regla se llama "El Círculo de Quintas", debido a la forma en que siempre se forma una nueva escala desde la quinta nota de la anterior.

Tocando La Escala Mayor En Una Posición

Hasta ahora, hemos extendido las notas de la escala mayor a lo largo de una cuerda para que podamos verlo como un pianista lo haría; de una forma lineal. Sin embargo, cuando estamos comenzando como guitarristas, nos gusta ver las escalas tocadas en una posición en el diapasón de forma que todas las notas encajen dentro de un área de la guitarra. La forma de escala siguiente es la *posición tónica* de la escala de Do mayor. *Posición tónica* significa que la nota más grave de la escala, (Do) es la primera nota que tocamos en la forma. La forma de escala siguiente abarca *dos* octavas, no sólo una como habíamos visto hasta ahora.

Ejemplo 4a:

C Major

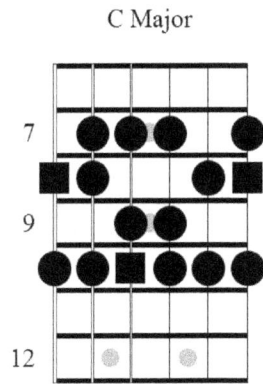

Los puntos cuadrados son las tónicas de la escala.

Toca este ejemplo *lentamente*. ¡Este no es un libro técnica! El objetivo es que puedas *escuchar* y entender cómo suena y cómo funciona esta escala musicalmente. Recuerda, todos los ejemplos de audio de este libro están disponibles en **www.fundamental-changes.com/audio-downloads**

Es absolutamente vital que dediques tiempo a memorizar este patrón de escala. No tiene sentido conocer la teoría sin saber cómo suena y cómo usarla.

Para ayudarte a memorizar esta escala, tratar de visualizarla al ser tocada a través de una forma de acorde con cejilla de Do(C) Mayor:

Ejemplo 4b:

C Major Chord   C Major

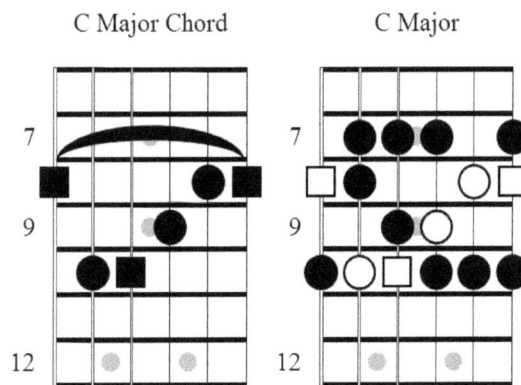

A partir de ahora, las formas de acordes siempre serán mostradas por puntos vacíos en cada diagrama de escala.

Una vez que hayas memorizado esta forma de escala, apúntale a tocarla ascendiendo y descendiendo usando semicorcheas a 80 bpm (golpes por minuto).

Ejemplo 4c:

Mi libro, **Técnica Completa Para Guitarra Moderna**, enseña cómo desarrollar la técnica, aumentar la velocidad y mejorar la fluidez con todas las formas comunes de escala. Mientras escribo esto, el libro es actualmente un éxito de ventas en Amazon.com.

En la segunda parte de este libro vamos a ver cómo utilizar la escala mayor para ser creativo y crear solos.

Armaduras De Clave

Una manera fácil de saber en qué *tonalidad* se encuentra una pieza musical es mirar el número de sostenidos en el comienzo de la partitura. Esto se llama una *armadura de clave*. Si recuerdas la primera escala que miramos, Do mayor, recordarás que no tenía sostenidos ni bemoles. Por lo tanto la armadura de clave de Do mayor no contiene sostenidos ni bemoles:

Sin embargo, la escala de Sol mayor contenía la nota Fa#, por lo que la armadura de clave de Sol mayor muestra un Fa #:

Re mayor contenía las notas Fa# y Do#:

Y La Mayor contenía Fa# Do# y Sol#:

Si quieres identificar rápidamente en qué tonalidad te encuentras, mira el último sostenido a la derecha, y sube un semitono. Por ejemplo, en la tonalidad de Re mayor, el último sostenido a la derecha es Do# (la 7ma que elevemos cuando formamos la escala). Un semitono arriba de Do# = Re Mayor.

Si el último sostenido en la armadura es Sol#, estás en La mayor.

Si el último sostenido en la armadura es Re#, estás en Mi Mayor.

La siguiente tabla muestra el orden de las tonalidades, y el número de sostenidos que se generan cuando se sigue el círculo de quintas como se describió anteriormente:

Tonalidad	Orden de Sostenidos	Número de Sostenidos
Do Mayor	/	0
Sol Mayor	Fa#	1
Re Mayor	Fa#, Do#	2
La Mayor	Fa#, Do#, Sol#	3
Mi Mayor	Fa#, Do#, Sol#, Re#	4
Si Mayor	Fa#, Do#, Sol#, Re#, La#	5
Fa# Mayor	Fa#, Do#, Sol#, Re#, La#, Mi#	6

Es importante notar que hay una ligera complicación aquí. Hay dos tonalidades que *comparten* la misma armadura; una tonalidad mayor y una menor.

Tonalidades Menores Relativas

Es importante señalar la idea de armaduras de clave compartidas para evitar cualquier confusión antes de seguir adelante.

Cada tonalidad mayor tiene una tonalidad menor muy estrechamente relacionada. En su forma más pura, comparten exactamente las mismas notas, por lo tanto, tienen la misma armadura de clave. A menudo esta escala *relativa menor* se conoce como la menor "natural". Como guitarrista, tal vez la hayas escuchado como el *Modo Eólico*. Son lo mismo.

Para encontrar fácilmente la escala menor relativa de cualquier escala mayor, sube 6 notas en la escala mayor y comienza una nueva escala a partir de ahí. **Debido a que empezamos con una nota diferente, los patrones de tonos y semitonos son diferentes y por lo tanto la escala sonará diferente.**

Por ejemplo, en la tonalidad de Do Mayor, asciende 6 notas en la escala:

Do Re Mi Fa Sol **La** (C D E F G **A**)

La(A) menor es el menor relativo de Do(C) mayor.

La armadura de clave de La(A) menor es la misma que la de Do(C) mayor y no contiene sostenidos o bemoles.

En Sol:

Sol La Si Do Re **Mi** (G A B C D **E**)

Mi(E) menor es el menor relativo de Sol(G) mayor.

La armadura de clave de Mi(E) menor es la misma que la del Sol(G) mayor y contiene un sostenido, (Fa#).

Construcción Del Menor Natural

Cuando formamos una nueva escala desde la 6ta nota de la escala mayor, ésta tiene un nuevo patrón de tonos y semitonos.

Tono, Semitono, Tono, Tono, Semitono, Tono, Tono.

Como se puede ver en este diagrama:

Ejemplo 4d:

A minor

Cuando se compara con la escala mayor, la fórmula para la escala menor natural es

1 2 b3 4 5 b6 b7.

Una forma rápida de verlo, es que sólo hay tres semitonos (una 3ra *menor*) entre las notas primera y tercera.

También puedes ver fácilmente que la 7ma nota, Sol(G) (traste 12) esta un tono por debajo de la tónica "La". Cuando la 7ma nota esta un tono por debajo de la tónica, *siempre* es una b7.

La b6 es más difícil de ver, pero si se examina la escala de La(A) *mayor* mostrada anteriormente, se verá que la 6ta nota es Fa#. Aquí es Fa natural y por lo tanto se ha bemolizado.

Si comparamos la escala de La menor natural con la escala de La mayor es fácil ver las alteraciones.

La mayor: La Si Do# Re Mi Fa# Sol# (A B C# D E F# G#)

La menor: La Si Do Re Mi Fa Sol (A B C D E F G)

Otros tipos de escala menor que te puedes encontrar son la *menor armónica* y *menor melódica*. Estas escalas se basan la menor natural (o Modo Eólico), pero con la alteración de ciertos grados de la escala.

La escala *menor armónica* tiene la fórmula:

1 2 b3 4 5 b6 7 (El 7mo grado se eleva un semitono desde la menor natural)

La escala *menor melódica* tiene la fórmula:

1 2 b3 4 5 6 7 (Muchos guitarristas lo ven simplemente como la escala mayor con una tercera bemolizada)

La escala menor natural se trata con más detalle en capítulos posteriores, así que continuaremos ahora nuestro enfoque en la teoría de la escala mayor.

Armonización De La Escala Mayor

Cuando usamos la palabra "armonizar", lo que realmente queremos decir es "construir acordes". Cuando armonizamos la escala mayor, construimos un acorde a partir de cada nota de la escala.

¿Qué es un acorde?

Un acorde, técnicamente, es la combinación de tres o más notas. Un acorde mayor o menor puro tiene sólo tres notas separadas. A menudo rasgueamos acordes mayores o menores en la guitarra utilizando más de tres cuerdas. A pesar de que estamos tocando cuatro, cinco, o incluso seis cuerdas, sólo estamos tocando tres notas individuales separadas que se duplican en octavas diferentes.

Por ejemplo, en el siguiente acorde de Do(C) mayor los nombres de las notas están marcados... Se puede ver que a pesar de que tocamos seis cuerdas, sólo hay tres notas únicas.

C Major Chord

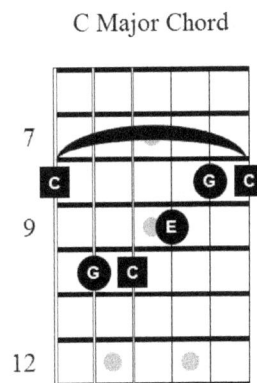

En esta inversión, la nota Do(C) aparece tres veces, y la nota Sol(G) aparece dos veces. La única nota que aparece una sola vez es Mi(E).

¿De dónde proceden estas notas?

Para saber qué notas van juntas para formar cada acorde individual, hay que aprender a armonizar la escala mayor.

Los acordes se forman cuando "apilamos" notas específicas de una escala en un conjunto. Mira de nuevo el ejemplo anterior. El acorde de Do(C) mayor contiene sólo las notas, Do(C), Mi(E) y Sol(G). En el contexto de la escala mayor, hemos tomado las notas 1, 3 y 5:

C	D	E	F	G	A	B	C
1	2	3	4	5	6	7	8/1

Esto es como si nos "saltáramos" todas las demás notas de la escala. Por ejemplo, formamos este acorde iniciando en Do(C), saltándonos Re(D) y aterrizando en Mi(E), saltándonos Fa(F) y aterrizando en Sol(G). Así es como se forman los acordes más simples, con 3 notas.

Do Mi Sol (C E G)

Re Fa La (D F A)

Mi Sol Si (E G B)

Fa La Do (F A C)

Sol Si Re (G B D)

La Do Mi (A C E)

Si Re Fa (B D F)

Si vemos las notas de Do mayor espaciadas en el diapasón, podemos establecer qué patrón de notas se requiere para formar un acorde *mayor*.

Ejemplo 5a:

C Major

C			E			G						

3   5   7   9   12   15

La distancia entre las notas Do(C) y Mi(E) es de *dos tonos*.

Cualquier acorde con una distancia de dos tonos entre las dos primeras notas puede ser clasificado como un acorde de tipo mayor. Esta distancia en música se llama una "*3ra mayor*".

La distancia entre la 3ra y la 5ta (las notas Mi y Sol), es de *un tono y medio*. Esta es *un semitono más pequeña* que la 3ra mayor y se conoce como *3ra menor*.

Cuando se mide desde la tónica, cualquier acorde mayor *debe* constar de dos tonos entre la tónica y la tercera, y tres tonos y medio entre la tónica y la 5ta.

Es una convención en la música describir las notas de un acorde en términos de su relación con la fórmula de la escala mayor, **1 2 3 4 5 6 7**.

En pocas palabras, un acorde mayor tiene la fórmula 1 3 5 y **el primer acorde en cualquier tonalidad mayor es siempre mayor**.

Pasando a la segunda nota de la escala de Do mayor, (Re) y repitiendo el proceso anterior generamos:

C	D	E	F	G	A	B	C
1	2	3	4	5	6	7	8/1

Como armonizamos a partir de la segunda nota de la escala, se obtienen las notas Re(D), Fa(F) y La(A). En la guitarra, esto se ve y suena como:

Ejemplo 5b:

D Minor

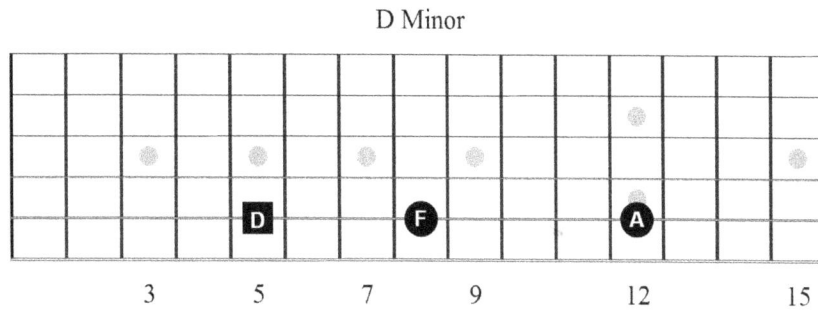

La distancia entre las notas Re(D) y Fa(F) es un tono y medio o una "*3ra menor*" lo que significa que el acorde es *menor*.

Sin embargo, la distancia entre las notas Re(D) y La(A) todavía es de tres tonos y medio, y corresponde al espaciado correcto para una 5ta *perfecta*.

Con una 3ra menor y una 5ta perfecta, este acorde se clasifica como un acorde menor construido sobre la nota Re(D), o simplemente "Re menor" para abreviar.

La fórmula de un acorde menor se expresa como 1 b3 5 y **el segundo acorde en cualquier tonalidad mayor es siempre menor.**

Todas las notas de la escala mayor se pueden armonizar de esta manera, y con la excepción de la 7ma nota, Si(B), todos son acordes mayores o menores.

Para ahorrar espacio no voy a mostrar la construcción de cada acorde (sin embargo inténtalo por ti mismo). Los acordes armonizados de la escala de Do mayor son:

Acorde 1 (I)	Do(C) Mayor
Acorde 2 (ii)	Re(D) Menor
Acorde 3 (iii)	Mi(E) Menor
Acorde 4 (IV)	Fa(F) Mayor
Acorde 5 (V)	Sol(G) Mayor
Acorde 6 (vi)	La(A) Menor
Acorde 7 (vii)	Si(B) Menor (b5) o Si(B) *Disminuido*

Armonización Del 7mo Grado De La Escala Mayor

El 7ma nota o nota "líder" en la escala mayor es diferente. Es el único acorde que no contiene una quinta perfecta. Cuando armonizamos el 7mo grado de una escala mayor, la 5ta es un semitono más pequeña y se llama una quinta *disminuida*, o b5, para abreviar. La 7ma nota de la escala de Do(C) mayor es Si(B).

Esto se puede ver y escuchar en el **ejemplo 5c:**

B Diminished

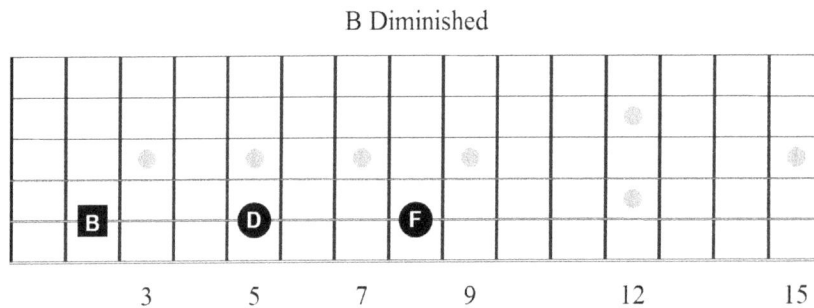

La distancia entre las notas Si(B) y Re(D) es una 3ra menor por lo que este debe ser algún tipo de acorde menor. Sin embargo, la distancia entre las notas Si(B) y Fa(F) es de sólo seis semitonos, no siete como en los ejemplos anteriores. Por lo tanto, este acorde se llama Si(B) menor (b5) o Si(B) *disminuido*. El acorde se toca así:

Ejemplo 5d:

B Diminished

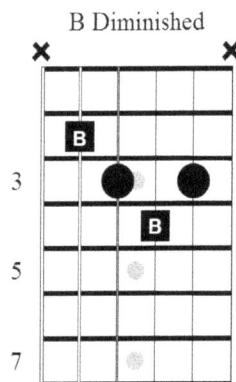

Este es el único acorde en la armonía de escala mayor que no tiene una quinta perfecta. No se usa comúnmente en la música pop debido a su naturaleza *disonante*. Cuando se usa, normalmente es una *sustitución* del quinto acorde de la escala.

Sistema De Numeración Romano

En la música, a los acordes se les refiere a menudo por el sistema de numeración en números romanos. En lugar de llamarlos 1, 2, 3, 4, 5, etc., se les da el equivalente en números romanos.

1 = I, 2 = ii, 3 = iii, 4 = IV, 5 = V, 6 = vi, 7 = vii.

Esto es para evitar la confusión cuando estamos hablando de distancias de intervalo: 3ras, 4tas y 5tas; y acordes: iii, IV o V

Notarás que unas veces que he utilizado letras mayúsculas para cada número, y otras veces letras minúsculas. Utilizamos las letras mayúsculas para describir los acordes mayores y letras minúsculas para describir acordes menores.

Se puede ver que en tonalidad mayor, los acordes I, IV y V siempre son mayores, mientras que ii, iii, vi y vii son menores.

Tocando Los Acordes De La Escala Do Mayor Armonizada

Ahora hemos armonizado todas las notas de la escala de Do mayor; aquí se muestra cómo tocar cada uno en posición abierta.

Ejemplos 6a – 6g:

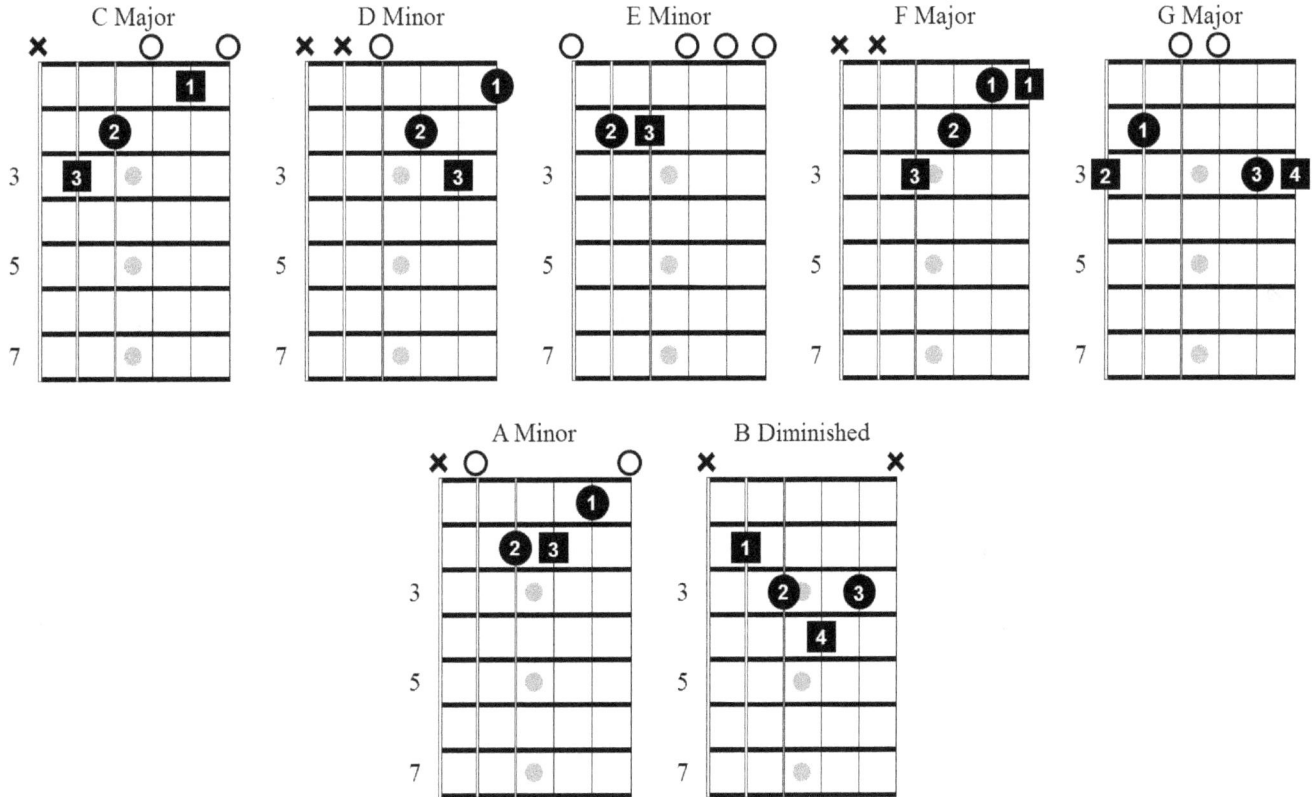

Progresiones De Acordes Comunes Desde La Escala Mayor

Ahora ya sabes cómo se forman los acordes básicos de la escala mayor, y es importante que los toques y sepas cómo funcionan en la música moderna. No hay forma "correcta o incorrecta" en la composición; depende de si te gusta cómo suena. Dicho esto, sin embargo, hay algunos puntos de partida fantásticos para aprender antes de empezar a "romper las reglas".

Las progresiones de acordes, como se ha mencionado antes, se describen normalmente en términos de números romanos.

Para recapitular cada acorde de la escala mayor observa la siguiente tabla:

Acorde 1 (I)	Do(C) Mayor
Acorde 2 (ii)	Re(D) Menor
Acorde 3 (iii)	Mi(E) Menor
Acorde 4 (IV)	Fa(F) Mayor
Acorde 5 (V)	Sol(G) Mayor
Acorde 6 (vi)	La(A) Menor
Acorde 7 (vii)	Si(B) Menor (b5) o Si(B) *Disminuido*

En este capítulo voy a mostrar cada ejemplo como gráfica de acorde y como *fórmula* que se puede utilizar para *transponer* la progresión de acordes a otras tonalidades.

La primera progresión que se muestra en el ejemplo 7a es probablemente la progresión de acordes más común en la música occidental. La estructura de la progresión es I, IV, V, IV.

Ejemplo 7a:

El ejemplo 7b es la progresión de acordes I, vi, ii, V. De nuevo, esta es una progresión muy común en la música popular.

Ejemplo 7b:

I, IV, ii, V es algo que habrás oído en muchas canciones:

Ejemplo 7c:

Las progresiones de acordes no necesariamente comienzan en el acorde I. Aquí hay algunas ideas útiles que comienzan en otros grados de la escala.

En primer lugar, la progresión vi, IV, I, V:

Ejemplo 7d:

Otros que se pueden oír son IV, V, iii, vi:

Ejemplo 7e:

O ii, iii, IV, V:

Ejemplo 7f:

Hay muchas combinaciones posibles. Lo mejor es probar la tuya propia y ser creativo. Basta con escribir una progresión de acordes de 4 compases como lo he hecho anteriormente usando los acordes de la tonalidad de Do mayor. Escucha las progresiones en la radio y trata de averiguarlas sólo con tu guitarra. Después de un tiempo, comenzarás a reconocer ciertos movimientos comunes de acordes.

Cuando se tiene este conocimiento, te darás cuenta de que ciertas progresiones de acordes aparecen una y otra vez, y es simplemente el arreglo o la *orquestación* de los acordes lo que disfraza estas secuencias comunes.

Transposición De Progresiones De Acordes Hacia Otras Tonalidades

Como hemos visto, las progresiones de acordes comunes a menudo siguen fórmulas establecidas. Debido a esto, puede ser fácil *transponer* una progresión de acordes hacia otra tonalidad una vez que hemos calculado cómo encaja cada acorde en el sistema de numeración romana. Por ejemplo, tomemos la siguiente progresión de acordes en la tonalidad de Do(C) mayor:

Ejemplo 8a:

Al analizarlo con números romanos, nos muestra que en la tonalidad de Do(C) estamos tocando Acorde I, Acorde IV, Acorde VI y Acorde V.

Ahora podemos cambiar esta progresión a cualquier otra tonalidad simplemente transfiriendo el mismo patrón de acordes a una nueva escala mayor. Por ejemplo, vamos a pasar a la tonalidad de La(A) mayor, **(La Si Do# Re Mi Fa# Sol# - A B C# D E F# G#)**

El Acorde I es La(A) Mayor

El Acorde IV es Re(D) Mayor

El Acorde VI es Fa#(F#) menor

El Acorde V es Mi(E) Mayor.

 Así que nuestra nueva progresión se convierte en:

Ejemplo 8b:

En la tonalidad de Mi(E), se convierte en:

Ejemplo 8c:

Trata de escribir las siguientes dos progresiones de acordes en diferentes tonalidades.

a) I vi ii V

b) IV V I vi

Calcula los números romanos para las siguientes dos progresiones de acordes en **Sol(G) Mayor** y luego trasládalas a la tonalidad de **Mi(E) Mayor.**

1)

2)

Es fácil practicar la transposición mediante el análisis de cualquier canción que ya sepas tocar, escribiéndola en números romanos y luego moviendo esos números a otra tonalidad.

Acordes Por Fuera De La Tonalidad

Estudia la siguiente progresión de acordes:

Ejemplo 8d:

Esta progresión se basa en una canción de Radiohead y está en la tonalidad de Sol, sin embargo, cuando la analizamos, nos encontramos con algunos acordes que no se forman a partir de la escala de Sol(G) mayor armonizada. El segundo acorde en la canción es Si(B) *mayor*. La nota Si(B) es la tercera nota en la tonalidad de Sol (G) y como puede que ya sepas a estas alturas, cuando armonizamos el tercer grado de una escala mayor, siempre se forma un acorde *menor*.

Está claro que el acorde de Si(B) menor se ha reemplazado por un acorde de Si(B) mayor. Esto es perfectamente posible hacerlo, y sucede a menudo. Esto hace que la progresión de acordes sea más interesante y es claramente lo que el compositor trataba de escribir. La única pregunta es, ¿cómo se escribe esto en números romanos?

El acorde sigue *funcionando* como acorde iii, pero como ha sido modificado para convertirse en un acorde mayor en lugar de uno menor, simplemente escribimos, "III Mayor". (¿Notas los *I's* en mayúsculas? Las minúsculas son para los menores, las mayúsculas son para los mayores).

El Do(C) mayor en el compás tres es correcto para la tonalidad (es el acorde IV mayor), pero en el compás cuatro, el Do(C) mayor se convierte en un acorde Do(C) menor. Esto se escribe como "iv menor". Una vez más, los números en minúsculas indican que éste es un acorde menor.

La progresión completa, por lo tanto se escribiría así:

I, III(mayor), IV, iv(menor).

Un blues menor como este

Ejemplo 8e:

se podría escribir

i(menor), iv(menor), v(menor), i (menor).

A veces, sin embargo, un acorde puede incluso no existir dentro de la escala de la tonalidad principal.

Esta progresión de acordes proviene de la sección media de *Sitting on the Dock of the Bay*, por Otis Redding.

Está en la tonalidad de Sol:

Ejemplo 8f:

Todos los acordes se derivan de la tonalidad de Sol mayor, a excepción del Fa en el compás 3. La escala de Sol mayor no contiene la nota Fa, (debería ser Fa#). Si analizáramos la progresión anterior con números romanos, nos encargaríamos del Fa Mayor escribiendo bVII (mayor), pues el 7mo grado de la escala de Sol mayor (Fa#) se ha *bemolizado* para convertirse en la nota Fa, y se está tocando como un acorde mayor.

La progresión completa se escribe como I, V, IV, I, bVII (mayor), V.

Otro gran uso del bVII (mayor) se encuentra en Everybody Needs Somebody de los *Blues Brothers*:

Ejemplo 8g:

Esta progresión es I, IV, bVII(Mayor), IV

Otro acorde no diatónico común es bIII (mayor), que se utiliza aquí en la tonalidad de La(A):

Ejemplo 8h:

Esta progresión es I, V, bIII(mayor), IV, I.

Un acorde que los *Beatles* utilizaron con buenos resultados fue bVI (mayor). Aquí está en la tonalidad de Do(C):

Ejemplo 8i

Esta progresión es I, IV, bVI(mayor), I.

Trata de escribir estos ejemplos en otras tonalidades. Más importante aún, asegúrate de poder tocarlos y reconocerlos.

Acordes De Séptima

En prácticamente toda la música, verás acordes con nombres como "Sol7 (G7)", "La(A) menor 7", "Do(C) Mayor 7" o incluso "Si(B) menor 7b5". Todos estos acordes se pueden formar a partir de la escala mayor. De hecho, son simplemente *extensiones* del método original que utilizamos para la construcción de acordes en los capítulos de armonización.

Vuelve a mirar cómo formamos acordes mayores y menores a partir de la escala mayor. Tomamos la 1ra, 3ra y 5ta notas saltándonos los tonos adyacentes de la escala. Si seguimos saltándonos notas y aterrizamos en la 7ma nota, es decir, 1 3 5 **7,** habremos creado un acorde de "7ma". Por ejemplo:

En lugar de sólo las notas Do(C), Mi(E) y Sol(G), ahora incluimos la nota Si(B). Este acorde es una *tríada* de Do(C) Mayor con una *7ma natural* añadida y ahora se denomina Do(C) Mayor 7. Observa cómo la 7ma nota, (Si) está un semitono debajo de la tónica, (Do). El acorde se puede tocar así:

Ejemplo 9a:

C Major 7

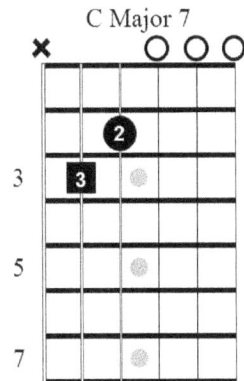

La nota añadida, Si(B), se toca en la segunda cuerda al aire. Toca y escucha este acorde. Observa cómo tiene una mayor riqueza en comparación con el acorde de Do(C) ordinario. La fórmula para un acorde de 7ma mayor es 1 3 5 7.

Cuando añadimos la 7ma nota al acorde ii (Re menor), obtenemos las siguientes notas:

Re Fa La **Do** (D F A **C**).

Esta vez, la 7ma nota (Do) está un *tono entero* debajo de la tónica, (Re). Por tanto, esta 7ma nota es una *b7*, no una 7ma *natural* como en el ejemplo anterior de Do mayor.

Cuando añadimos una nota b7 a un acorde menor, el acorde se llama "menor 7". En este caso hemos formado el acorde de Re(D) menor 7. Se puede tocar de esta manera:

Ejemplo 9b:

D Minor 7

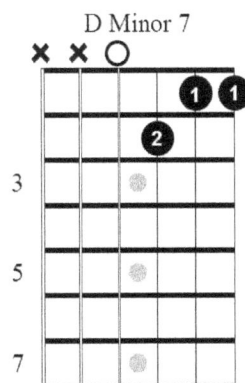

Esto me suena como a una especie de acorde menor *suavizado*. Todavía triste, pero no tan triste como un acorde menor. Cualquier acorde menor 7 tiene la fórmula 1 b3 5 b7.

Los dos tipos de acordes anteriores, mayor 7 y menor 7, representan cinco de los tonos de la escala armonizados:

Acorde 1 (Imaj7)	Do(C) Mayor 7
Acorde 2 (iim7)	Re(D) Menor 7
Acorde 3 (iiim7)	Mi(E) Menor 7
Acorde 4 (IVmaj7)	Fa(F) Mayor 7
Acorde 5	
Acorde 6 (vim7)	La(A) Menor 7
Acorde 7	

Como se puede ver, he omitido los acordes V y vii. Esto se debe a que son ligeramente diferentes. Como ya sabes, cuando armonizamos la escala mayor, el acorde V (Sol) siempre es un acorde mayor. Sin embargo, la 7ma añadida *no* es una 7ma natural. Aquí está el acorde V armonizado en la tonalidad de Do(C):

Sol Si Re **Fa** (G B D **F**).

La nota Fa está un tono entero debajo de la tónica, (Sol). Esto es similar a la nota b7 en un acorde menor 7. Lo que tenemos ahora es un acorde *mayor* con una b7 añadida.

Este acorde se llama *dominante* 7 y se anota simplemente como un "7" después de la tónica del acorde, por ejemplo, Sol7(G7) o La7(A7). Tiene la fórmula 1 3 5 b7.

Sol7(G7) se puede tocar de esta manera:

Ejemplo 9c:

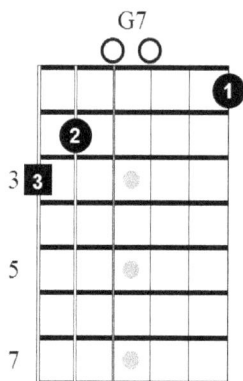

Los acordes dominantes 7 tienen un sonido tenso, sin resolver, y con frecuencia se mueven hacia el acorde I de la tonalidad, en este caso, Do mayor.

Por último, cuando armonizamos la 7ma nota de la escala mayor, generamos un acorde que es bastante poco común en la música pop o rock, pero se utiliza a menudo en el jazz.

Quizás recuerdes de capítulos anteriores que el acorde vii forma un acorde b5 *menor* o *disminuido*. Cuando armonizamos este acorde hasta cuatro notas en la tonalidad de Do(C), obtenemos

Si Re Fa **La** (B D F **A**)

Una vez más, estamos añadiendo una 7ma bemolizada (b7) y por lo tanto el acorde se describe ahora como un "7b5 menor". A menudo se escribe como *m7b5*. En este caso, verías Sim7b5 (Bm7b5). Este tipo de acorde tiene la fórmula 1 b3 b5 b7.

Se toca así y tiene una cadencia melancólica oscura:

Ejemplo 9d:

B Minor 7b5

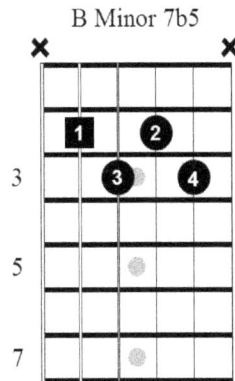

Ahora podemos completar la tabla de la escala mayor armonizada.

Acorde 1 (Imaj7)	Do(C) Mayor 7
Acorde 2 (iim7)	Re(D) Menor 7
Acorde 3 (iiim7)	Mi(E) Menor 7
Acorde 4 (IVmaj7)	Fa(F) Mayor 7
Acorde 5 (V7)	Sol7(G7) o Sol(G) *Dominante* 7
Acorde 6 (vim7)	La(A) Menor 7
Acorde 7 (viim7b5)	Si(B) Menor 7 b5 o Sim7b5 (Bm7b5)

Los acordes de 7ma siempre se pueden intercambiar directamente por sus equivalentes de 3 notas. No hay razón para que la progresión de acordes

Ejemplo 9e:

no se pudiera cambiar a:

Ejemplo 9e parte 2:

Sin embargo en la mayoría de las formas de la música popular (a excepción del jazz), el color que le añade la 7ma nota a un acorde mayor puede ser demasiado rico, aunque hay algunos ejemplos muy buenos de acordes mayores de 7ma en la música rock.

Echa un vistazo al Fa Mayor 7 en el quinto compás de Stairway to Heaven de Led Zeppelin en el **Ejemplo 9f:**

Otro buen ejemplo de un acorde mayor de 7ma en el rock está en el minuto 0:53 en *Under the Bridge* por los Red Hot Chili Peppers:

Los acordes *dominantes* 7 se utilizan muy frecuentemente y se pueden utilizar en lugar de la armonización diatónica o "correcta" de cualquier nota de la escala mayor. Por ejemplo, compara el ejemplo 9g con el ejemplo 9e parte 2:

Ejemplo 9g:

Al convertir todos los acordes originales en dominantes 7 la música suena mucho más a blues.

Cuando se utiliza un acorde dominante 7 en su lugar original, es decir como un acorde V en tonalidad mayor, sirve para hacer el regreso al acorde I de forma mucho más fuerte. Compara los dos ejemplos siguientes:

Ejemplo 9h:

Ejemplo 9h (parte 2):

¿Puedes escuchar cómo el Sol7(G7) en el segundo ejemplo añade más tensión al acorde de Sol(G) mayor y por lo tanto más tira de nuevo hacia el acorde tónico de Do(C) mayor?

Extensiones

Las extensiones se producen cuando añadimos notas por encima de la primera octava de la escala a nuestro acorde de 7ma original. Por ejemplo, estudia lo siguiente:

Escala de Do (C) Mayor	C	D	E	F	G	A	B	C	D	E	F	G	A	B
Nombre de Intervalo	1	2	3	4	5	6	7	1	2/9	3	4/11	5	6/13	7

Verás que cuando entramos en la segunda octava, algunas notas tienen diferentes descripciones de intervalo. Si la nota es un tono de acorde, es decir, 1 3 5 o 7, los nombres no se alteran en la octava más alta. Esto se debe a que cuando se agrega un tono de acorde en una octava diferente, no afecta a la *calidad* del acorde. En otras palabras, un acorde menor 7 que contiene dos b3 todavía tiene la misma característica fundamental que un acorde menor 7 con una sola b3.

Sin embargo, cuando se agrega un tono no acorde o *extensión* al acorde 7 original, éste *añade* un carácter o una tensión diferente al acorde, y por lo tanto se trata como una extensión. En lugar de ser llamado 2, 4 o 6, ahora se nombran 9, 11 o 13.

Por ejemplo, si tomas un acorde de La(A) menor 7 y añades la 2da/9na nota, (Si) se convierte en La(A) menor 9.

Ejemplo 9i:

A Minor 7   A Minor 9

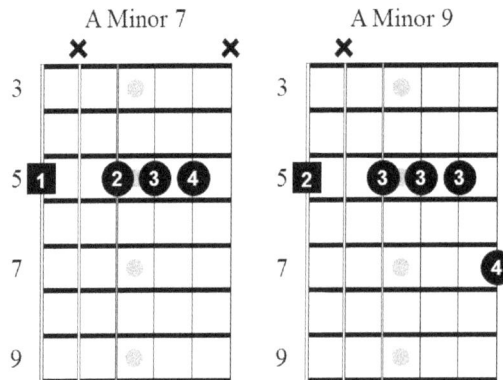

Si tomas un acorde Re7(D7) y agregas la 2da/9na nota Mi(E), se convierte en un Re9 (D9).

Ejemplo 9j:

D7   D9

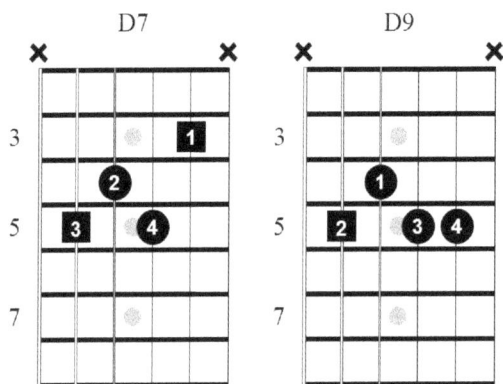

La misma idea se aplica con 11vas y 13vas.

Si bien esto no es en absoluto una discusión exhaustiva de los acordes formados a partir de la escala mayor, te da suficiente fundamento para entender la segunda parte del libro, donde nos ocupamos de los modos, la melodía y los conceptos de solos.

Cómo Nombrar Los Acordes

Nombrar los acordes puede ser un poco subjetivo, aunque el sistema que se enseña en la mayoría de las universidades y escuelas de música gira alrededor de si el acorde que estamos nombrando contiene una 7ma, y en menor medida, una 3ra.

Si un acorde **no** contiene una 7ma, las extensiones se denominan *en general* mediante el uso de la palabra "añadido" (add por su nombre en inglés) en el nombre.

Por ejemplo, un acorde normal de Do(C) mayor, (1 3 5) que tiene una nota 9na añadida a él será nombrado

Cadd9 (Esto es en la notación internacional).

Este nombre implica que **no hay una 7ma incluida**.

Por el contrario, si tomamos un acorde de Do(C) mayor 7 y añadimos la 9na, el acorde se denomina Do(C) mayor 9:

Ejemplo 9k:

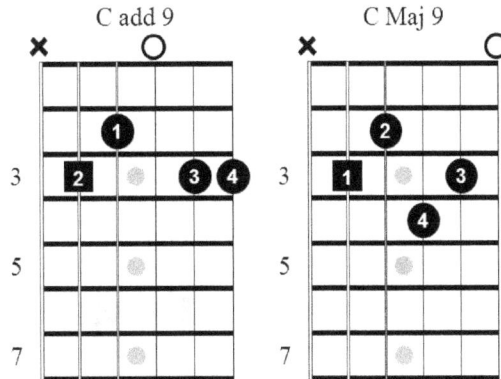

Un acorde de Sol(G) mayor (1 3 5) con la 6ta añadida se llama Sol6(G6) o "Sol mayor 6" mientras que un acorde Sol(G) mayor 7 (1 3 5 7) con la 6ta (13va) añadida es nombrado Sol(G) mayor 13:

Ejemplo 9l:

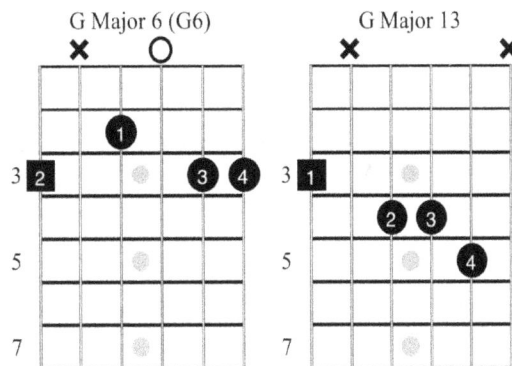

De la misma manera, cualquier tríada menor con la 9na añadida se denomina "menor 9 añadida" (minor add 9 - en notación internacional) y un acorde menor 7 con una 9na añadida se llama menor 9:

Ejemplo 9m:

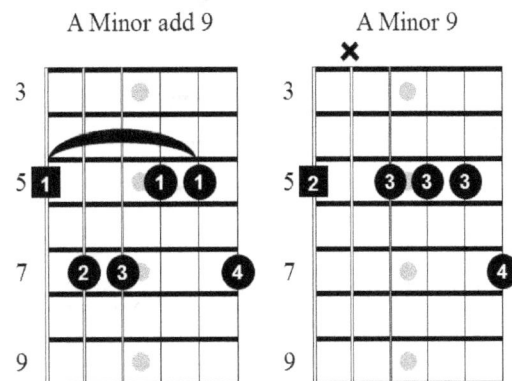

Los acordes dominantes 7 ya *deben* contener la nota b7 (1 3 5 b7) de forma que las extensiones son nombradas simplemente "9", "11" o "13", aunque a menudo cuando comenzamos a añadir extensiones mayores, algunas notas se omiten en la parte inferior del acorde para evitar encuentros indeseables.

La nota más común que se omite es la 5ta, pero a veces, especialmente en un acorde "11" la importante 3ra puede incluso eliminarse. Esta omisión de la 3ra es más común en la guitarra que otros instrumentos, debido a las restricciones de digitación. Normalmente es más deseable omitir la 5ta o incluso la tónica que la 3ra.

Ejemplo 9n:

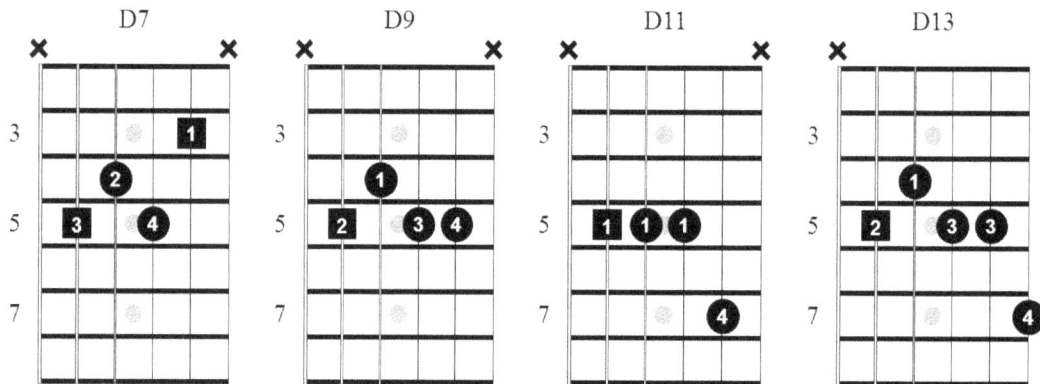

Recuerda las reglas generales:

Si se incluye la 7ma de un acorde, las extensiones se conocen como 9, 11 o 13.

Si no se incluye la 7ma de un acorde, las extensiones se conocen como "add 9", "add 11", o "6".

Leves complicaciones se producen cuando la 3ra de una tríada es *reemplazada* por una 2da o 4ta como verás ahora.

Si examinamos el acorde de Re(D) mayor, veremos que la 3ra del acorde (Fa#) se toca en la cuerda de Mi(E) alta:

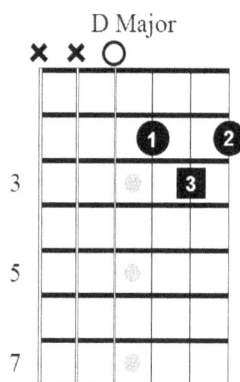

Si *reemplazamos* la nota Fa#, ya sea con la 2da o 4da nota de la escala, se dice que el acorde de Re(D) está *suspendido*. Un acorde suspendido **no** contiene una 3ra.

Si sustituimos el Fa#(F#) con un Mi(E) (2da) formamos el acorde Dsus2, (1 2 5):

Ejemplo 9o:

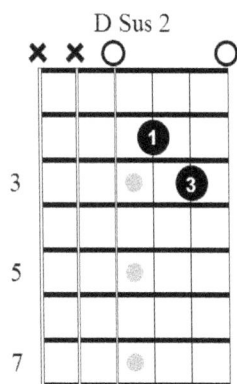

D Sus 2

(Mi(E) se toca en la 1ra cuerda al aire)

Si sustituimos el Fa#(F#) con un Sol(G) (4ta) formamos el acorde Dsus4, (1 4 5)

Ejemplo 9p:

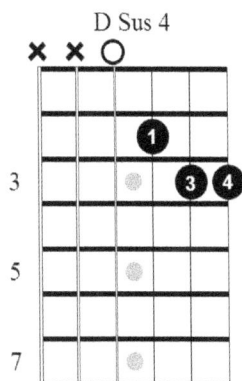

D Sus 4

Debido a la falta de una tercera, estos acordes suenan sin resolver o "suspendidos"

Segunda Parte: Escalas, Arpegios, Modos, Solos Y Sustituciones

La primera parte de este libro fue una puesta a tierra rápida y necesaria con lo básico, y esta segunda parte profundiza en cada uno de los *modos* de la escala mayor. Aprenderás a utilizar arpegios y escalas pentatónicas para crear nuevos sonidos interesantes, y cinco licks modernos útiles en cada modo para que llegues a tocar frases de punteo que suenen apropiadas.

¿Qué Es Un Modo?

Un modo es una escala que ha sido generada o *derivada* de una *escala padre*. En este libro nos enfocamos en los 7 modos que se derivan de la escala *mayor*.

Para derivar un modo de la escala mayor, se inicia en *cualquier* nota que no sea la tónica de la escala mayor, y se toma aquella como la tónica de una nueva escala. En seguida, tocas las notas de la escala padre *comenzando y finalizando* en la nueva tónica.

Por ejemplo, si tomamos la escala de Do(C) mayor:

Do Re Mi Fa Sol La Si Do (C D E F G A B C)

Pero comenzamos en la nota Re(D):

Re Mi Fa Sol La Si Do Re (D E F G A B C D)

Hemos creado una nueva escala. En este caso, hemos creado el *Modo Dórico*.

Podemos empezar en cada nota de la escala mayor para comenzar un nuevo modo:

Mi Fa Sol La Si Do Re Mi (E F G A B C D E) se llama *Modo Frigio*.

Fa a Fa (F a F) es el *Modo Lidio*.

Sol a Sol (G a G) es el *Modo Mixolidio*.

La a La (A a A) es el *Modo Eólico*.

Si a Si (B a B) es el *Modo Locrio*.

A veces la escala mayor padre, Do a Do (C a C) se denomina el modo *Jónico*, sin embargo, no es común llamarlo así actualmente.

Un hecho muy importante a recordar es que la mayoría de la música durante los últimos ochocientos años se ha basado en la *escala mayor* y su armonía. Los oídos occidentales han sido condicionados desde el nacimiento a oír melodías en relación con esta escala mayor. Debido a que los modos que estamos estudiando ahora se *construyen* a partir de esta escala mayor, tocarlos de forma aislada tenderá a hacer que los escuches como queriendo resolver hacia la tónica de la escala mayor padre. Esto destruye las características modales y el resultado final es que simplemente *oigas* la escala mayor empezando desde una nota diferente.

Por ejemplo, reproduce y escucha el ejemplo 10a. Es una octava del modo Dórico de Re(D). Cuando llegas al final de la escala, ¿tus oídos quieren seguir una nota más hasta Do(C), la tónica de la escala padre?

Ejemplo 10a:

Ahora intenta escuchar ejemplo 10b donde toco exactamente lo mismo. Sin embargo esta vez hay una pista de acompañamiento de acordes construida a partir de acordes fuertes del modo Dórico. Debido a que tus oídos han *enmarcado* las notas en torno a estos acordes, éstos te permitirán escuchar las notas en el contexto de la Re(D) tónica.

Ejemplo 10b:

No siempre es necesario construir una progresión de acordes compleja de un modo para escuchar con precisión su tonalidad única: A menudo en la música rock, se utilizan acordes de quinta (power chords) o riffs simples para delinear un centro tonal con poca más información armónica que la tónica y la 5ta de cada acorde. Sin embargo, en este libro voy a darte algunas progresiones de acordes específicamente modales que ponen de relieve el carácter de cada modo.

¿Por Qué Los Modos Suenan Diferente Que La Escala Mayor?

Volviendo a la analogía de una escala comparada con una escalera con peldaños en un patrón específico, un *modo* no es más que una separación diferente de estos peldaños. Debido a que los peldaños están espaciados de manera diferente, el modo tiene un sonido diferente, sobre todo si tenemos en cuenta que los acordes construidos a partir de armonizar el modo serán diferentes. Por ejemplo, el acorde I en la escala mayor era una 7ma mayor, pero cuando armonizamos el modo Dórico, el acorde I ahora es un menor 7. –Hemos creado instantáneamente un ambiente diferente. Seleccionando cuidadosamente los acordes podemos sacar a flote el carácter único de cada sonido modal.

Veamos el patrón de escala de tonos y semitonos formado por el modo Dórico de Re(D), y luego comparemos con la escala de Re(D) mayor. Recuerda, la escala mayor equivalente es siempre nuestro punto de comparación para describir cualquier sonido musical.

Las notas de Re(D) Dórico son:

Re Mi Fa Sol La Si Do Re (D E F G A B C D)

Ejemplo 10c:

D Dorian

Mientras que las notas de Re(D) mayor son:

Re Mi Fa# Sol La Si Do# Re (D E F# G A B C# D)

Ejemplo 10d:

D Major

Se puede observar que en lugar de la nota Fa# (F#) en la escala de Re(D) mayor, Re(D) Dórico tiene un Fa (F) Natural. En otras palabras, la 3ra nota, Fa#(F#) se ha *bemolizado*. Esto se escribe como "b3".

También puede verse que en lugar de la nota Do#(C#) en la escala de Re(D) mayor, Re(D) Dórico tiene un Do(C) Natural. En otras palabras, la 7ma nota, Do# (C#) se ha *bemolizado*. Esto se escribe como "b7".

Recordando la fórmula simple para la escala mayor:

1 2 3 4 5 6 7

Esto significa que la fórmula para el modo Dórico es:

1 2 b3 4 5 6 b7

Si recuerdas que cualquier *acorde* menor siempre tiene un b3, te empezarás a dar cuenta de que Re(D) Dórico sonará muy diferente que Re(D) mayor. El primer arpegio, 1 b3 5 b7 esboza un acorde menor 7 por lo que este modo tendrá una calidad de sonido bastante triste.

Reiterando:

Este nuevo patrón de tonos y semitonos en un modo crea un ambiente diferente al de la escala mayor original.

ste ambiente es enfatizado al tocar la escala modal sobre progresiones de acordes o riffs que describan fuertemente acordes derivados del modo armonizado.

Es muy importante en un primer momento, permitir a la armonía (progresión de acordes) "presentar" el sonido del modo. El oído del oyente tiene que aceptar el hecho de que el modo no se resuelve en la tónica de la escala mayor padre. Al "enmarcar" el contexto modal de la escala con los acordes, el oyente aceptará y escuchará la nueva estructura de intervalos del modo que estás utilizando.

Escalas Modales Seccionadas

En lugar de ver una escala simplemente como una larga secuencia de notas, la forma moderna de abordar la improvisación con escalas es partirlas en pequeñas subdivisiones. *Ocultas* dentro de cada escala hay diferentes "unidades" melódicas que podemos utilizar como conceptos únicos para los solos. Al ver cualquier escala como un conjunto de partes más pequeñas, es más fácil encontrar nuevas formas de tocar y ser creativos. Una de las principales ventajas de esto es que en lugar de tocar ideas de escala, se introducen automáticamente saltos en nuestra interpretación que ayudan a romper la monotonía de las frases largas que resultan al tocar escalas estrictas.

Otra ventaja importante de esto es que podemos "seleccionar cuidadosamente" las notas coloridas de una escala e implicar su color único, tocando solamente un número limitado de notas.

Cada escala se puede dividir en las siguientes estructuras principales:

Intervalos de 2 notas

Un intervalo es la distancia entre dos notas. Del mismo modo que formamos acordes saltándonos una nota en la escala mayor, por ejemplo, Do(C) – Mi(E), (intervalos de una 3ra) podemos saltar otras distancias, por ejemplo, dos notas; Do(C) – Fa(F) (4tas), tres notas, Do(C) – Sol(G) (5tas), etc. Al omitir intervalos cuando tocamos, empezamos a romper la linealidad de una escala. Introducimos saltos melódicos y patrones. Aunque la *tonalidad* general del modo que estamos tocando sigue siendo la misma, te sorprenderás por las diferentes texturas que podemos crear "pensando" en intervalos en lugar de escalas.

Tríadas de 3 notas

En la primera parte, utilizamos tríadas para formar acordes. Una triada son tres 3ras saltadas, por ejemplo, Do(C) – Mi(E) – Sol(G). Sin embargo, no tenemos que tocarlas de forma simultánea como un acorde. Si tocamos las notas, una tras otra, generamos muchas posibilidades melódicas, dejando por fuera la mayor parte de los tonos de la escala. Una tríada, como sabes, se puede formar en cada nota de una escala, por ejemplo, Do(C) – Mi(E) – Sol(G), Re(D) – Fa(F) – La(A), Mi(E) – Sol(G) – Si(B), etc. *Cuando escogemos tríadas específicas en lugar de utilizar las escalas completas podemos "seleccionar cuidadosamente" los grados de la escala que tocamos en nuestros solos*. Al adoptar un enfoque de tríadas en lugar de uno de escalas, no sólo le apuntamos a los tonos de la escala específicos que queremos oír, también introducimos automáticamente saltos melódicos en nuestra interpretación y nos alejamos de las predecibles escalas tocadas de corrido. Las tríadas no necesariamente deben ser tocadas en orden, por ejemplo, Do Mi Sol (CEG) es la misma triada que Mi Sol Do (EGC). Esto nos da un sinnúmero de posibilidades en nuestros solos.

Arpegios de 4 notas

De manera similar a las tríadas de 3 notas, los arpegios de 4 notas son simplemente tríadas que tienen una 3ra adicional añadida en la parte superior, (en otras palabras, un acorde de 7ma). En lugar de tocar la tríada Do(C) – Mi(E) – Sol(G), la extendemos, convirtiéndose en un arpegio: Do(C) – Mi(E) – Sol(G) – Si(B). Una vez más, no tenemos que tocar estas notas en orden, entonces las permutaciones posibles ahora son inmensas. *Hay una opción de arpegio construida a partir de cada nota de cada escala* y otra vez, estamos siendo selectivos con los grados de la escala que tocamos.

Escalas pentatónicas de 5 notas

La mayoría de los intérpretes ven una progresión de acordes en la tonalidad de La, e inmediatamente tocan una idea de escala de La pentatónica menor. En realidad, se pueden construir escalas pentatónicas menores en diversos grados de cualquier modo mayor, no sólo la tónica.

Hay tres escalas pentatónicas menores escondidas dentro de cada modo de la escala mayor. El saber dónde están, inmediatamente nos permite usar muchos de los licks pentatónicos que ya conocemos para dar un sonido modal rico. Como te puedes imaginar, triplicar tus licks existentes de esta manera es extremadamente útil.

Te daré todas las opciones disponibles para cada modo, sin embargo, estas múltiples posibilidades pueden llegar a ser abrumadoras muy rápidamente cuando apenas estás empezando. La mayoría de los músicos, aunque sean muy exitosos, normalmente tienen un rango limitado de enfoques preferidos. Para ayudarte a empezar, te daré mis opciones favoritas al final de cada capítulo.

Dórico

El modo Dórico es muy común en la mayoría de las formas de rock, funk, jazz y música fusión. Tiene una característica "menor, pero no demasiado", que se presta bien en solos de jazz blues. Es común tocar Dórico sobre improvisaciones estáticas (uno acorde) de acordes menor 7, menor 9 o menor 11.

Algunas canciones importantes que utilizan Dórico son:

So What – Miles Davies

Billy Jean – Michael Jackson

Tender Surrender – Steve Vai (con algunos cambios de tonalidad a modos relacionados)

Fórmula y Armonización

Como ya se ha visto, la fórmula del modo Dórico es:

1 2 b3 4 5 6 b7

Y se toca así en la guitarra: **Ejemplo 11a:**

A Dorian

(Los puntos vacíos son el acorde *tónico* menor 7 que debes visualizar y escuchar cuando tocas la escala).

Luego de armonizar en tríadas y 7mas, el modo Dórico genera el siguiente conjunto de acordes:

Tipo de Acorde de TRIADA	Tipo de Acorde de SEPTIMA	Ejemplo en tonalidad de La (A) Dórico
I menor	i menor 7 (extensiones 9, 11, 13)	La(A) menor 7
ii menor	ii menor 7 (extensiones b9, 11, b13)	Si(B) menor 7
III mayor	III mayor 7 (extensiones 9, #11, 13)	Do(C) mayor 7
IV mayor	IV 7 (extensiones 9, 11, 13)	Re7(D7)
V menor	v menor7 (extensiones 9, 11, b13)	Mi(E) menor 7
vi menor b5	vi menor 7b5 (extensiones b9, 11, b13)	Fa#(F#)m7b5
VII mayor	VII mayor 7 (extensiones 9, 11, 13)	Sol(G) mayor 7

A veces verás acordes extendidos utilizados en una progresión (9nas, 11vas y 13vas). Mediante la adición de extensiones más altas se puede definir un sonido modal en particular con mayor precisión.

Por ejemplo, el Dórico es el único modo que tiene un b3, 11 natural y 13 natural. Al tocar un acorde menor 13 con la 11va incluida has definido por completo el sonido Dórico, *sin embargo*, esta densidad de la armonía es a menudo demasiado grande como para ser aceptable para el oyente. Muy frecuentemente, los acordes menores de 7ma se tocan con máximo una extensión, y las otras extensiones de escala están contenidas en diferentes acordes en la progresión.

Progresiones De Acordes Típicas En Dórico

Las siguientes progresiones de acordes dan claramente una idea general del carácter único del modo Dórico. Para simplificar, todas se encuentran en la tonalidad de La, no obstante te animo a trasponerla a diferentes tonalidades usando el sistema de la primera parte.

Ejemplo 11b:

Ejemplo 11d:

5 Licks Dóricos Útiles

Los siguientes cinco licks utilizan el modo Dórico en su primera posición. Todos ellos están incluidos como ejemplos de audio y la pista de acompañamiento Dórica ha sido amablemente proporcionada por **Quist**.

Ejemplo 11e:

Ejemplo 11f:

Ejemplo 11g:

Ejemplo 11h:

Ejemplo 11i:

Enfoques Para Hacer Solos En El Modo Dórico

En las siguientes páginas se analizan los enfoques que utilizamos para seccionar el modo Dórico. Cada enfoque (intervalos, tríadas, etc.), representa un "nivel" de profundidad que podemos investigar para crear ideas melódicas. Piensa en cada enfoque como una capa diferente de creciente complejidad melódica. Todas las ideas se pueden combinar libremente con el fin de hacer un solo. Prueba cada idea sobre la pista de acompañamiento Dórica para tener una idea de la textura de cada concepto melódico.

Intervalos De 2 Notas

Ejemplo 12a: La Dórica en 3ras:

Ejemplo 12b: La Dórica en 4tas:

Ejemplo 12c: La Dórica en 5tas:

Ejemplo 12d: La Dórica en 6tas:

Ejemplo 12e: La Dórica en 7mas:

Trata de invertir ciertos patrones de intervalo, por ejemplo, toca una 3ra ascendente y una 3ra descendente:

Ejemplo 12f:

O asciende dos 3ras y desciende una 3ra:

Ejemplo 12g:

Este tipo de enfoque de "permutación" puede ser de gran beneficio cuando se desea crear nuevas frases o licks, y se puede aplicar a cualquiera de las distancias de intervalo anteriores.

Me encanta utilizar 4tas y 6tas en Dórico.

Tríadas De 3 Notas

Las tríadas (dos 3ras apiladas), pueden ser construidas a partir de cada uno de los grados del modo de La(A) Dórico. Al tocar solos usando sólo una o dos tríadas construidas a partir de un modo, podemos apuntarle a intervalos específicos o "tonos de color" de un modo. Por ejemplo, estudia el **ejemplo 12h**. Si tocas una tríada de Si(B) menor sobre una secuencia de acordes de La(A) Dórico, sólo estás tocando las extensiones 9, 11 y 13. Esto sonará muy diferente que si tocaras una tríada de Mi(E) menor sobre el mismo fondo, ya que luego estarás apuntándole a los grados 5to, b7 y 9no de la escala.

Las tríadas de cada grado se muestran aquí, primero en una octava (12h), y luego en dos octavas (12i):

Ejemplo 12h:

Ejemplo 12i:

51

Con suerte, es obvio que las tríadas que se forman a partir de cada tono de la escala son de la misma calidad (tipo) que los acordes formados en la página 41. Pronto te acostumbrarás a saber qué tipo de triada está formada por cada grado de cada modo. Como referencia, aquí está la lista de las tríadas formadas a partir de cada grado del modo Dórico:

Grado de Escala	Tríadas de 3 Notas Construidas en Dórico	Intervalos contra la Tónica
1	I menor	1, b3, 5
2	ii menor	9, 11, 13
b3	bIII mayor	b3, 5, b7
4	IV mayor	11, 13, 1
5	v menor	5, b7, 9
6	vi menor b5	13, 1, b3
b7	bVII mayor	b7, 9, 11

Para empezar, puede parecer demasiado complejo estar pensando: "Puedo tocar una tríada menor desde el 5to grado del Dórico", por lo que primero debes aprender estos enfoques de tríadas simplemente como formas o patrones contenidos en el modo padre. Una vez que hayas improvisado con cada uno, escoge uno o dos de tus sonidos favoritos y aférrate a ellos. No te preocupes por los que dejas de lado, concéntrate sólo en hacer nuevos patrones e inversiones a partir de una gama limitada de tríadas.

Las tríadas me gusta usar en Dórico son:

b5 menor desde el 6ª grado (tríada Fa# b5 menor sobre La Dórico) (13, 1 y b3)

Mayor desde el b7 (Sol mayor sobre La Dórico) (b7, 9 y 11)

Arpegios De 4 Notas

Los arpegios (tres 3ras apiladas), por ejemplo, La(A)-Do(C)-Mi(E)-Sol(G) también se pueden construir a partir de cada grado de cualquier modo. En Dórico generamos los siguientes arpegios de 4 notas:

Grado de Escala	Arpegios de 4 Notas en Dórico	Intervalos contra la Tónica
1	i menor 7	1, b3, 5, b7
2	ii menor 7	9, 11, 13, 1
b3	bIII mayor 7	b3, 5, b7, 9
4	IV 7	11, 13, 1, b3
5	v menor7	5, b7, 9, 11
6	vi menor 7b5	13, 1, b3, 5
b7	bVII mayor 7	b7, 9, 11, 13

Estos tienen las mismas cualidades que los acordes discutidos en la página 41. Ya que contienen una nota más que las tríadas, pueden dar una calidad más rica que las ideas con tríadas del capítulo anterior.

Los arpegios de cada grado de La(A) Dórico se pueden tocar de la siguiente manera:

Ejemplo 12j:

Una vez más, toca estas ideas de arpegios de una en una, con la pista de acompañamiento. Anota cualquiera cuyo sonido te guste y concéntrate sólo en esos arpegios. Trata de tocar las notas del arpegio en diferentes órdenes y en diferentes secuencias. En lugar de 1357, intenta 1537 o 17135. Las posibilidades son infinitas.

Mis enfoques favoritos para tocar estos arpegios son:

7ma mayor en el b3 (Do(C) mayor 7 sobre La(A) Dórico) (b3 5 b7 9).

7ma mayor desde el b7 (Sol(G) mayor 7 sobre La(A) Dórico) (b7 9 11 13).

Escalas Pentatónicas De 5 Notas

Un concepto común, pero que a menudo se pasa por alto al hacer solos con los modos, es superponer las escalas pentatónicas menores que ya conoces para resaltar ciertos tonos de color modal. Escondido dentro de cada modo de la escala mayor hay tres escalas pentatónicas menores "estándar" diferentes. Mira el siguiente ejemplo:

Ejemplo 12k: La(A) pentatónica menor sobre La(A) Dórica:

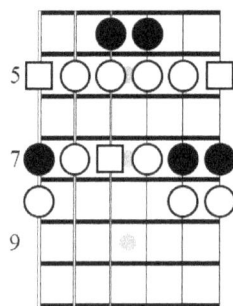

El diagrama anterior muestra la escala de La(A) Dórico con la escala de La(A) pentatónica menor tocada a través de ella. Los puntos vacíos son la escala pentatónica menor, y los puntos sólidos son las notas de Dórico. Si tocamos una escala de La(A) pentatónica menor sobre una progresión de acordes de La(A) Dórico, resaltamos los tonos de la escala **1 b3 11 5 b7**. Esto, como te puedes imaginar, suena bastante convencional y "blues".

Si bien esto podría ser un enfoque bastante obvio, es posible que no te des cuenta de que hay dos escalas pentatónicas menores contenidas en el modo padre. Puedes tocar una escala pentatónica menor desde la 5ta (Mi).

Ejemplo 12l: Pentatónica Menor en la 5ta:

A Dorian
Min Pent on 5

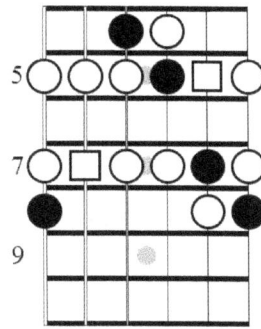

Al tocar Mi(E) pentatónica menor sobre La(A) Dórico, tocas los intervalos de escala **1, 9, 11, 5, b7**. Este es un sonido genial, y además, mi enfoque preferido.

También puedes tocar una escala pentatónica menor desde la 9na (*o 2da*) del modo Dórico como se muestra en el **ejemplo 12m.**

Ejemplo 12m: Pentatónica Menor en la 9na: (2da)

A Dorian
Min Pent on 9

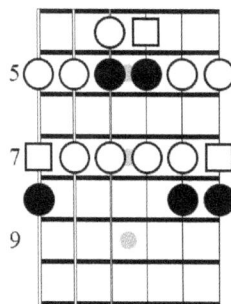

Éste es un poco más difícil de manejar sobre un sonido de La(A) Dórico cuando se toca de forma aislada, pero si te fijas, ahora tienes acceso tanto a La(A) como a Si(B) pentatónicas menores. Cualquier idea de La(A) menor que hayas tocado se puede subir un tono y repetirse para formar secuencias. Este es un excelente enfoque para desarrollar frases más largas.

En resumen, cuando se utiliza el modo Dórico, puedes tocar escalas pentatónicas menores en la tónica, la 9na (2da) y la 5ta. Mi favorita para tocar aisladamente es la pentatónica menor en la 5ta de Dórico.

Resumen De Primeras Opciones Para Solos En El Modo Dórico

Escala Padre: Dórico

Intervalos: 4tas y 6tas

Tríadas: b5 menor desde el 6to grado / Mayor desde b7

Arpegio: 7ma mayor en el b3 / 7ma mayor desde el b7

Pentatónico: Pentatónico menor en la 5ta

Frigio

El modo frigio se usa con menos frecuencia en la música popular, pero no es raro encontrarlo en el rock pesado, metal y flamenco. Tiene un sonido agradable al paladar, aunque singularmente oscuro, con el b9 inusual en su construcción dándole un sabor un tanto español.

El frigio se utiliza a menudo como una opción para los solos sobre acordes de quinta (power chords) en el rock, pero no se utiliza mucho como una fuente de progresiones de acordes diatónicos. Como es de construcción similar al modo Eólico, a menudo se utilizan de manera intercambiable.

Composiciones que hacen uso del modo Frigio:

War – Joe Satriani

Wherever I May Roam – Metallica

Fórmula y Armonización

La fórmula para el Mofo Frigio es:

1 b2 b3 4 5 b6 b7

Se toca así en la guitarra en la tonalidad de La(A):

Ejemplo 13a:

A Phrygian

Visualiza el modo Frigio alrededor del acorde de La(A) menor resaltado.

Cuando se armoniza, el frigio da la siguiente serie de acordes:

Tipo de Acorde de TRIADA	Tipo de Acorde de SEPTIMA	Ejemplo en tonalidad de La(A) Frigio
i menor	i menor 7 (extensiones b9, 11, b13)	La(A) menor 7
bII mayor	bII mayor 7 (extensiones 9, #11, 13)	Sib(Bb) mayor 7
biii mayor	biii 7 (extensiones 9, 11, 13)	Do7(C7)
iv menor	iv menor 7 (extensiones 9, 11, b13)	Re(D) menor 7
v menor b5	V menor 7b5 (extensiones b9, 11, b13)	Mi(E) menor 7b5
bVI mayor	bVI mayor 7 (extensiones 9, 11, 13)	Fa(F) mayor 7
bvii menor	bvii menor 7 (extensiones 9, 11, 13)	Sol(G) menor 7

Sin embargo, debido a la naturaleza bastante oscura del Frigio, escribir progresiones de acordes utilizando solamente los acordes diatónicos puede sonar un tanto incómoda. Como se ha mencionado anteriormente, en la guitarra rock podemos evitar esto mediante el uso un fondo de acordes de quinta (power chords) basados en riffs y simplemente usando el modo Frigio sobre ellos, o podemos utilizar *tríadas de estructura superior* (acordes de barra inclinada) para implicar el complicado frigio sobre un patrón de bajo simple.

Progresiones de Acordes Típicas En Frigio

Ejemplo 13b:

Ejemplo 13c:

Licks Frigios Útiles

Estos licks están incluidos como ejemplos de audio y la pista de acompañamiento de Frigio ha sido amablemente proporcionada por **Quist**.

Ejemplo 13d:

Ejemplo 13e:

Ejemplo 13f:

Ejemplo 13g:

Ejemplo 13h:

Enfoques Para Hacer Solos En El Modo Frigio

En las siguientes páginas se analizan los enfoques que utilizamos para seccionar el modo Frigio de La(A). Cada enfoque, (intervalos, tríadas, etc.) representa un "nivel" de profundidad que podemos investigar para crear ideas melódicas. Imagínalos como diferentes capas de complejidad creciente. Todas las ideas se pueden combinar libremente con el fin de hacer un solo. Prueba cada idea sobre la pista de acompañamiento de Frigio para tener una idea de la textura de cada concepto melódico.

Intervalos De 2 Notas

Ejemplo 13h1:

Ejemplo 13i:

Ejemplo 13j:

Ejemplo 13k:

Ejemplo 13l:

Mi primera opción para tocar en Frigio es generalmente **3ras y 6tas**, pero como siempre, pasa un tiempo practicando las ideas que más te gusten.

Tríadas de 3 Notas

Al aislar las tríadas construidas a partir de cada grado del modo Frigio, podemos ser específicos acerca de los intervalos del modo a los que le apuntamos cuando hacemos solos. Las tríadas de cada grado de la escala se muestran a continuación y se dan los intervalos formados contra la nota tónica (La).

Ejemplo 13m:

Ejemplo 13n:

Como referencia, aquí está la lista de tipos de acorde de tríada de Frigio y los intervalos que imponen contra la tónica:

Grado de Escala	Tríadas de 3 Notas Construidas en Frigio	Intervalos contra la Tónica
1	i menor	1, b3, 5
b2	bII mayor	b9, 11, b13
b3	biii mayor	b3, 5, b7
4	iv menor	11, b13, 1
5	v menor b5	5, b7, b9
b6	bVI mayor	b13, 1, b3
b7	bvii menor	b7, b9, 11

...punto de partida para tus estudios, mis tríadas favoritas para hacer solos son:

Menor en el b7 (Sol(G) menor sobre La(A) Frigio) (b7, b9 b3).

Mayor en el b2 (Sib(Bb) mayor sobre La(A) frigio) (b9, 11, b13).

Trata de hacer melodías usando sólo una, o una combinación de ambas tríadas.

Arpegios De 4 Notas

Al agregar otro intervalo de 3ra en la parte superior de una tríada se crea un arpegio de 4 notas. Con la construcción de arpegios en cada grado del modo Frigio y haciendo solos únicamente utilizando estos arpegios, podemos ser selectivos con los intervalos de la escala que tocamos. Los arpegios y los intervalos formados a partir de la tónica del modo Frigio se muestran en esta tabla:

Grado de Escala	Arpegios de 4 Notas en Frigio	Intervalos contra la Tónica
1	i menor 7	1, b3, 5, b7
b2	bII mayor 7	b9, 11, b13, 1
b3	biii 7	b3, 5, b7, b9
4	iv menor 7	11, b13, 1, b3
5	v menor 7b5	5, b7, b9, 11
b6	bVI mayor 7	b13, 1, b3, 5
b7	bvii menor 7	b7, b9, 11, b13

Algunos sonarán mejor que otros para tus oídos, así que reproduce la pista de acompañamiento de Frigio y experimenta improvisando con uno de los siguientes arpegios en cada turno. Aquí se muestran en dos octavas:

Ejemplo 13o:

Mis primeras opciones para tocar son:

Arpegio dominante 7 en el b3 (Do7(C7) sobre La(A)) (b3 5 b7 b9).

Arpegio menor 7 en el b7 (Sol(G) menor 7 sobre La(A)) (b7 b9 11 b13).

Escalas Pentatónicas De 5 Notas

Las tres escalas pentatónicas menores que pueden derivarse del modo Frigio están en la tónica, el b7 y el 11(4).

Los siguientes ejemplos muestran como "encajan" las escalas pentatónicas dentro de la forma de Frigio:

Ejemplo 13p: Pentatónica menor en la tónica:

A Phrygian
Min Pent on 1

Minor Pentatonic from the root (A minor Pentatonic over A)

Intervalos tocados contra la tónica de Frigio: **1, b3, 11, 5, b7.**

Ejemplo 13q: Pentatónica menor en el b7:

A Phrygian
Min Pent on b7

Minor Pentatonic from the b7 (G minor Pentatonic over A)

Intervalos tocados contra la tónica: **b3, 11, 5, b7, b9.**

Ejemplo 13r: Pentatónica menor en el 11:

A Phrygian
Min Pent on 11

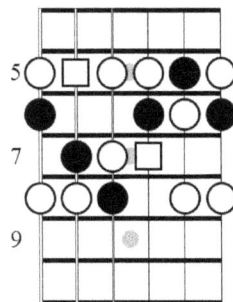

Minor Pentatonic from the 11 (D minor Pentatonic over A)

Intervalos tocados contra la tónica: **1, b3, 11, b13, b7.** A menudo uso escalas pentatónicas menores tocadas desde el b7 y 11

Resumen De Primeras Opciones Para Solos En El Modo Frigio

Escala padre: Frigio.

Intervalos: 3ras y 6tas.

Tríadas: Menor en el b7 / Mayor en el b2.

Arpegio: 7ma mayor en el b3 / 7ma Mayor en el b7.

Pentatónico: Pentatónica menor en el b7 y 11.

Lidio

En mi opinión, el Lidio es una de las tonalidades más bellas y emotivas. Contiene sólo una nota que la hace diferente de la escala mayor, pero esta pequeña alteración cambia completamente su carácter. El Lidio se utiliza ampliamente en las baladas de rock por intérpretes como Steve Vai y Joe Satriani.

Canciones construidas en torno al modo Lidio:

Flying in a Blue Dream – Joe Satriani

How I Miss You – Foo Fighters

La introducción de **Hole Hearted** – Extreme

Answers – Steve Vai

Shut up 'n Play Yer Guitar – Frank Zappa

Fórmula y Armonización

La fórmula para el modo Lidio es:

1 2 3 #4 5 6 7 (Solo una nota diferente de la escala mayor).

Se toca así:

Ejemplo 14a:

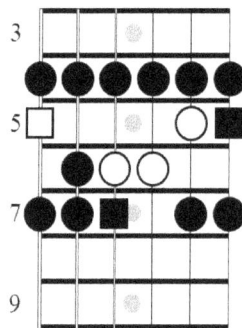

Aprende a ver y escuchar todas las notas de este modo alrededor del acorde de La(A) mayor 7 resaltado.

Cuando se armoniza, el modo Lidio da la siguiente secuencia de acordes:

Tipo de Acorde de TRIADA	Tipo de Acorde de SEPTIMA	Ejemplo en la tonalidad de La(A) Lidio
I mayor	I mayor 7 (extensiones 9, #11, 13)	La(A) mayor 7 (#11)
II mayor	II7 (extensiones 9, 11, 13)	Si7 (B7)
iii menor	iii menor 7 (extensiones 9, 11, b13)	Do#(C#) menor 7
#iv menor b5	#iv menor 7b5 (extensiones b9, 11, b13)	Re#(D#) menor 7b5
V mayor	V mayor 7 (extensiones 9, 11, 13)	Mi(E) mayor 7
vi menor	vi menor 7 (extensiones 9, 11, 13)	Fa#(F#) menor 7
vii menor	vii menor 7 (extensiones b9, 11, b13)	Sol#(G#) menor 7

Progresiones De Acordes Típicas En Lidio

Al formar progresiones de acordes para resaltar las características del modo Lidio, se utilizan algunas técnicas diferentes. A menudo, en el rock se toca sobre una improvisación estática, y a veces incluso se sostiene el acorde tónico Mayor 7#11:

Ejemplo 14b:

A Major 7#11

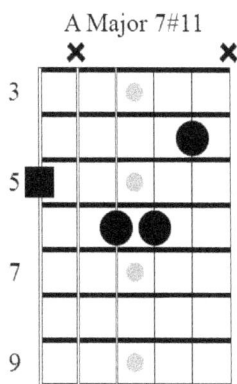

Este acorde describe con precisión la armonía total del sonido Lidio. Vale la pena señalar que esta inversión del acorde *no* contiene la 5ta del acorde ya que el choque del semitono entre ésta y el #11/#4 no es deseable.

Otro enfoque es el uso de tríadas de estructura superior sobre una nota de bajo. Ten en cuenta que los acordes I y II son ambos mayores. Podemos usar esos dos acordes juntos sobre la nota tónica grave para crear una armonía rica y convincente. Por ejemplo:

Ejemplo 14c:

Este es el enfoque que Joe Satriani usa en Flying in a Blue Dream; él simplemente arpegia la misma secuencia de acordes, pero en la tonalidad de Do(C) Lidio.

Debido a la naturaleza abierta, "espaciada" del modo Lidio, a menudo se toca sobre improvisaciones de acordes suspendidos. Por ejemplo:

Ejemplo 14d:

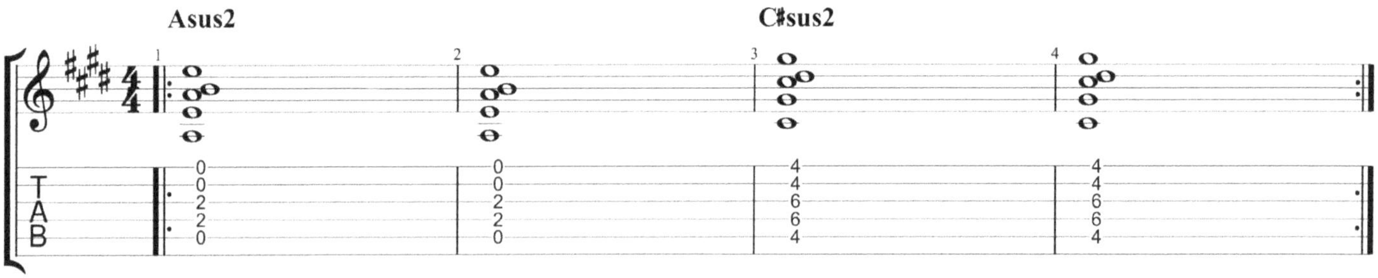

5 Licks Lidios Útiles

Todos ellos se incluyen como ejemplos de audio y la pista de acompañamiento de Lidio amablemente ha sido proporcionada por **Quist**.

Ejemplo 14e:

Ejemplo 14f:

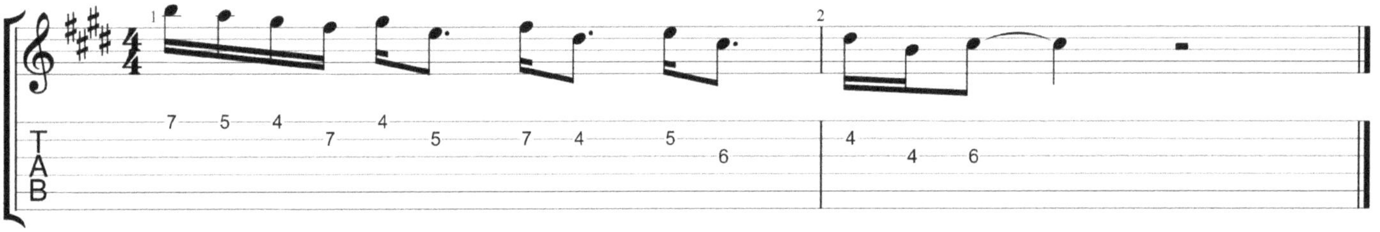

Ejemplo 14g:

Ejemplo 14h:

Ejemplo 14i:

Enfoques Para Hacer Solos En El Modo Lidio

En las páginas siguientes, una vez más se discuten las diferentes "capas" del modo Lidio, desde intervalos de dos notas hasta escalas pentatónicas de cinco notas. Todas las ideas de la siguiente sección se pueden utilizar como un enfoque aislado, o en combinación con cualquier otro concepto.

Intervalos De 2 Notas

Ejemplo 14j:

Ejemplo 14k:

Ejemplo 14l:

Ejemplo 14m:

Lydian in 7ths

Para empezar, te aconsejo que estudies **3ras y 5tas**. No te olvides de intentar hacer patrones a partir de grupos de intervalos. Una idea común es ascender dos intervalos y descender el tercero. Además, cada pareja de intervalos se puede tocar de atrás para adelante.

Tríadas De 3 Notas

Como se ha expuesto, podemos aislar las tríadas individuales que se construyen en cada grado del modo Lidio. Tocando solos con tríadas específicas podemos apuntarle o aislar los tonos particulares de escala evitando al mismo tiempo los demás. Las tríadas construidas desde el modo Lidio son:

Grados de Escala	Tríadas de 3 Notas Construidas en Lidio	Intervalos contra la Tónica
1	I mayor	1, 3, 5
2	II mayor	9, #11, 13
3	iii menor	3, 5, 7
#4	#iv menor b5	#11, 13, 1
5	V mayor	5, 7, 9
6	vi menor	13, 1, 3
7	vii menor	7, 9, #11

Como formas de una octava en la *primera posición*, se tocan así:

Ejemplo 14o:

A minor (1 3 5)   B minor (9 #11 13)   C# minor (3 5 7)   D# Diminsihed (#11 13 1)

E Major (5 7 9)   F# minor (13 1 3)   G# minor (7 9 #11)

Estos se pueden tocar en dos octavas de la siguiente manera. (La nota más grave en cada forma no es siempre la tónica).

Ejemplo 14p:

Mis enfoques favoritos para tocar son:

Tríada menor en 7 (Sol#(G#) menor sobre La(A) Lidio) (7, 9, #11).

Tríada menor en 3 (Do#(C#) menor sobre La(A) Lidio) (3, 5, 7,).

Arpegios De 4 Notas

Cuando extendemos la tríada para convertirse en un arpegio de 4 notas, tenemos otro nivel de textura y de selección de intervalos que podemos utilizar sobre el centro tónico modal. Mediante el uso de arpegios de 4 notas podemos ser extremadamente articulados acerca de las notas que elegimos tocar desde un modo. Los arpegios construidos desde el modo Lidio son:

Grado de Escala	Arpegios de 4 Notas en Lidio	Intervalos contra la Tónica
1	I mayor 7	1, 3, 5, 7
2	II7	9, #11, 13, 1
3	iii menor 7	3, 5, 7, 9
#4	#iv menor 7b5	#11, 13, 1, 3
5	V mayor 7	5, 7, 9, #11
6	vi menor 7	13, 1, 3, 5
7	vii menor 7	7, 9, #11, 13

Estos pueden ser tocados en 2 octavas de la siguiente manera. La nota más grave en cada forma no es siempre la tónica. **Ejemplo 14q:**

Dos buenas opciones son

7b5 menor en el #11. (Re#(D#)m7b5 sobre La(A) Lidio) (#11, 13, 1, 3).

7 menor en la 3ra (Do#(C#) menor 7 sobre La(A) Lidio) (3, 5, 7, 9).

Escalas Pentatónicas De 5 Notas

Es muy común superponer escalas pentatónicas menores sobre el modo Lidio. Pueden ser construidas a partir de la 3ra, 7ma y 13va. Para poner de relieve el #11 de Lidio utiliza una escala pentatónica menor construida desde el 7mo grado del modo. Las opciones son

Ejemplo 14r: Pentatónica menor en 3:

A Lydian
Min Pent on 3

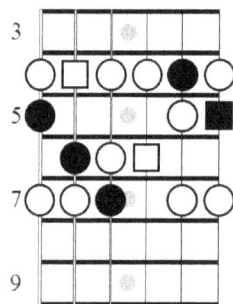

G# minor Pentatonic over A Lydian

Intervalos tocados contra la tónica de Lidio: **3, 5, 13, 7, 9.**

Ejemplo 14s: Pentatónica en 7:

A Lydian
Min Pent on 7

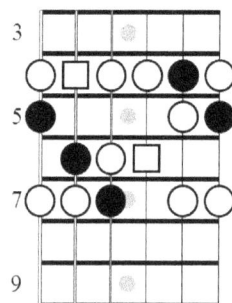

C# minor Pentatonic over A Lydian

Intervalos tocados contra la tónica de Lidio: **3, 7, 9, #11, 13.**

Ejemplo 14t: Pentatónica menor en 13/6:

A Lydian
Min Pent on 6

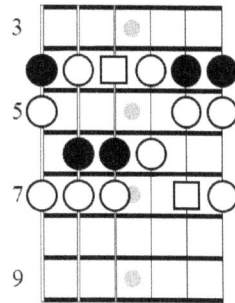

F# minor Pentatonic over A Lydian

Intervalos tocados contra la tónica de Lidio: **1, 3, 5, 9, 13.**

Mi primera opción es tocar la pentatónica menor en el 7 (Sol#(G#) pentatónica menor sobre La(A) Lidia) (7, 9, 3, #11, 13).

Resumen De Primeras Opciones Para Solos En El Modo Lidio

Escala Padre: Lidio

Intervalos: 3ras y 5tas

Tríadas: Tríada menor en 7 / Tríada menor en 3

Arpegio: 7b5 menor en #11 / 7 menor en 3

Pentatónico: Pentatónica menor en el 7

Mixolidio

El Mixolidio está construido en el 5to grado de la escala mayor y es uno de los modos más utilizados en la guitarra moderna. Se utiliza para construir secuencias de acordes y solos en una variedad de estilos musicales. El modo Mixolidio, al igual que el Lidio, contiene sólo una nota que es diferente de la escala mayor, pero esa pequeña diferencia crea una sensación muy diferente. El Mixolidio está en las raíces del blues moderno, el rock y el funk.

Se puede escuchar en una amplia variedad de música popular:

Sweet Child of Mine – Guns and Roses

Sweet Home Alabama – Lynyrd Skynyrd

Ramblin' Man – The Allman Brothers Band

Summer Song – Joe Satriani

Freeway Jam – Jeff Beck

Fórmula y Armonización

La fórmula para el modo Mixolidio es

1 2 3 4 5 6 b7

Se toca así en la tonalidad de La(A):

Ejemplo 15a:

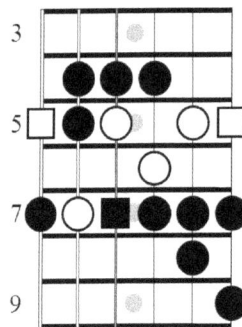

A Mixolydian

Debes visualizar el modo Mixolidio alrededor del acorde dominante 7 resaltado por puntos vacíos.

El Mixolidio está armonizado para generar la siguiente secuencia de acordes:

Tipo de Acorde de TRIADA	Tipo de Acorde de SEPTIMA	Ejemplo en la tonalidad de La(A) Mixolidio
I mayor	I7 (extensiones 9, 11, 13)	A7
ii menor	ii menor 7 (extensiones 9, 11, b13)	B menor 7
iii menor b5	iii menor 7b5 (extensiones b9, 11, b13)	C# menor 7b5
IV mayor	IV mayor 7 (extensiones 9, 11, 13)	D mayor 7
v menor	V menor 7 (extensiones 9, 11, 13)	E menor 7
vi menor	vi menor 7 (extensiones b9, 11, b13)	F# menor 7
bVII mayor	bVII mayor (extensiones 9, #11, 13)	G mayor 7

Una de las cosas más importantes a saber sobre el modo Mixolidio es que la tónica, (acorde I) forma un acorde dominante 7 (7) cuando se armoniza a 4 notas. En la música clásica tradicional esto *siempre* es visto como un punto de tensión que tendría que ser resuelto, sin embargo durante aproximadamente los últimos 100 años, el acorde dominante ha sido aceptado como un acorde que puede permanecer estático indefinidamente. Por ejemplo, los primeros cuatro compases de un blues a menudo se pueden tocar como un acorde dominante 7, antes de pasar al acorde IV que también se toca como un acorde "7". Más a menudo de lo que imaginas, el acorde V es interpretado como un acorde "7" también. Esta idea se puede ver en la siguiente sección.

Una forma rápida de detectar un riff Mixolidio es ver si se toca un acorde mayor bVII en cualquier punto. Si el riff que suena es mayor y contiene un acorde bVII, generalmente es Mixolidio.

Progresiones De Acordes Típicas En Mixolidio

Ejemplo 15b:

Ejemplo 15c:

5 Licks Mixolidios Útiles

El Mixolidio se combina muy a menudo con las escalas pentatónica menor y la de blues para darle un toque un tanto más alegre y mayor a un solo de blues. Esto se refleja en muchos de los licks de esta sección. Todos ellos se incluyen como ejemplos de audio y la pista de acompañamiento de Mixolidio amablemente ha sido proporcionada por **Quist**.

Ejemplo 15d:

Ejemplo 15e:

Ejemplo 15f:

Ejemplo 15g:

Ejemplo 15h:

Enfoques Para Hacer Solos En El Modo Mixolidio

En las siguientes páginas se analizan los enfoques que podemos utilizar para seccionar el modo de La(A) Mixolidio. Cada enfoque, (intervalos, tríadas, etc.) representa un "nivel" de profundidad que podemos investigar para crear ideas melódicas.

Imagínalos como diferentes capas de complejidad creciente. Todas las ideas se pueden combinar libremente con el fin de hacer un solo. Prueba cada idea sobre una pista de acompañamiento Mixolidia lenta para tener una idea de la textura de cada concepto melódico.

Intervalos De 2 Notas

Deberías sentirte cómodo con todos estos enfoques de intervalos para tocar en Mixolidio

Ejemplo 15i:

A Mixolydian in 3rds

Ejemplo 15j:

A Mixolydian in 4ths

Ejemplo 15k:

A Mixolydian in 5ths

Ejemplo 15l:

A Mixolydian in 6ths

Ejemplo 15m:

A Mixolydian in 7ths

Tríadas De 3 Notas

Una vez más, podemos tomar el enfoque de señalar las tríadas específicas que se forman en cada grado del modo Mixolidio. Las tríadas que se forman a partir de cada tono escala son:

Grados de Escala	Tríadas de 3 Notas construidas en Mixolidio	Intervalos contra la Tónica
1	I mayor	1, 3, 5
2	ii menor	9, 11, 13
3	iii menor b5	3, 5, b7
4	IV mayor	11, 13, 1
5	v menor	5, b7, 9
6	vi menor	13, 1, 3
b7	bVII mayor	b7, 9, 11

Estos se tocan de la siguiente manera en una y dos octavas:

Ejemplo 15n:

Ejemplo 15o:

Tocar una tríada menor en el 5to grado del modo Mixolidio genera un gran sonido. (Mi(E) menor sobre La(A) Mixolidio) (5, b7, 9).

Arpegios De 4 Notas

Al construir un arpegio de 4 notas desde cada grado de Mixolidio se generan las siguientes opciones de solos:

Grado de Escala	Arpegios de 4 Notas en Mixolidio	Intervalos contra la Tónica
1	I7	1, 3, 5, b7
2	ii menor 7	9, 11, 13, 1
3	iii menor 7b	3, 5, b7, 9
4	IV mayor 7	11, 13, 1, 3
5	V menor 7	5, b7, 9, 11
6	vi menor 7	13, 1, 3, 5
b7	bVII mayor	b7, 9, 11, 13

Ejemplo 15p:

Algunos enfoques comunes incluyen tocar un arpegio 7b5 menor desde la 3ra. (Do#(C#) menor 7b5 sobre La(A) Mixolidio) (3, 5, b7, 9).

También tocando un arpegio 7 menor desde la 5ta (Mi(E) menor 7 sobre La(A) Mixolidio) (5, b7, 9, 11).

Escalas Pentatónicas De 5 Notas

Las escalas pentatónicas menores a menudo se combinan con el modo Mixolidio para crear una sensación de rock o blues. A pesar de que el modo Mixolidio es un modo de tipo *mayor* (tiene una 3ra mayor), la escala pentatónica menor más común con la cual combinarla está construida a partir de la *tónica* y contendrá una 3ra *menor*. Por ejemplo, se suele utilizar una escala pentatónica de La(A) menor en conjunto con el modo Mixolidio A. Una gran parte del vocabulario del blues es aplicar bend a la 3ra menor en la pentatónica hasta alcanzar la 3ra mayor en Mixolidio.

Muchos licks de rock comienzan como frases pentatónicas menores y luego "toman prestadas" notas de Mixolidio para dar un ambiente ligeramente más alegre.

Examina la siguiente línea:

Ejemplo 15q:

Esta frase comienza claramente como un lick de La(A) menor, pero toma prestadas algunas notas de La(A) Mixolidio en los golpes dos y tres. Joe Satriani, Stevie Ray Vaughan y Jimi Hendrix son grandes intérpretes que puedes escuchar con el fin de oír esta idea.

Si bien la escala pentatónica menor desde la tónica no es un derivado "orgánico" del modo Mixolidio, es probablemente el método más comúnmente utilizado cuando se hacen solos en un contexto de rock/blues.

Las escalas pentatónicas menores que existen de forma natural en el modo Mixolidio se construyen en la 5ta, 6ta (13va) y 2da (9na).

Ejemplo 15r: Pentatónica menor en 5:

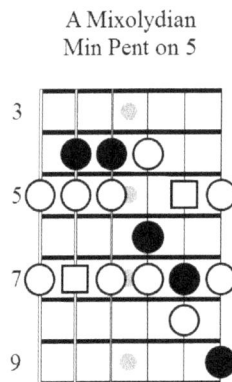

A Mixolydian
Min Pent on 5

E minor Pentatonic over A Mixolydian

Intervalos tocados contra la tónica de Mixolidio: **1, 5 b7, 9, 11.**

Ejemplo 15s: Pentatónica menor en 6/13:

A Mixolydian
Min Pent on 6

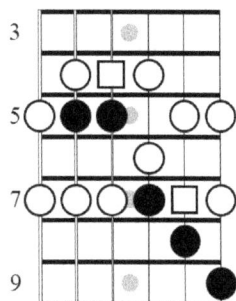

F# minor Pentatonic over A Mixolydian

Intervalos tocados contra la tónica de Mixolidio: **1, 3, 5, 9, 13.**

Ejemplo 15t: Pentatónica menor en 9:

A Mixolydian
Min Pent on 9

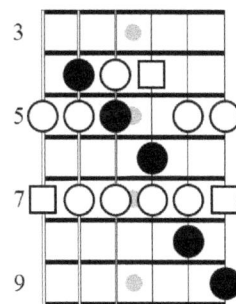

B minor Pentatonic over A Mixolydian

Intervalos tocados contra la tónica de Mixolidio: **1, 5, 9, 11, 13.**

Vale la pena saber que si incluimos la escala pentatónica menor desde la tónica (La(A) pentatónica menor), el *modo Mixolidio contiene 2 pares de escalas pentatónicas menores, ambas a un tono de distancia.*

Tenemos: La menor y Si menor pentatónicas. (Pentatónica menor en la tónica y en 9)

Y Mi menor y Fa# menor pentatónicas. (Pentatónica menor en 5 y en 6)

En otras palabras, puedes subir cualquier lick o idea de Mi menor pentatónico en un tono hasta Fa#, o viceversa; y lo mismo con una idea de La pentatónica menor.

Resumen De Primeras Opciones Para Solos En El Modo Mixolidio

Escala Padre: Mixolidio.

Intervalos: 3ras y 6tas.

Tríada: Tríada menor en 5.

Arpegio: 7b5 menor en 3 / 7 menor en 5.

Pentatónico: Pentatónico menor en 5 / Pentatónico menor en el 1.

Eólico

El modo eólico se forma mediante la construcción de una escala desde el 6to grado de la escala mayor. Es idéntica a la escala menor *natural* o *relativa*. Es un sonido oscuro y premonitorio, y se utiliza muy frecuentemente en los solos de rock y metal. Algunas composiciones notables que utilizan Eólico son:

Still Got the Blues – Gary Moore

Europa – Carlos Santana

All Along the Watchtower – Bob Dylan

Losing my Religion – R.E.M.

Fear of the Dark – Iron Maiden

Fórmula y Armonización

La fórmula para el modo Eólico es

1 2 b3 4 5 b6 b7

Se toca así en la tonalidad de La(A):

Ejemplo 16a:

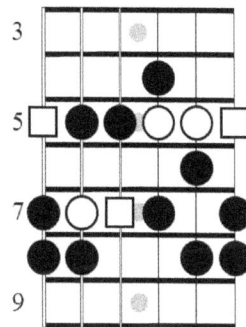

A Aeolian

Es útil visualizar esta escala en torno al acorde tónico menor resaltado por los puntos vacíos.

El modo Eólico, cuando se armoniza forma la siguiente secuencia de acordes:

Tipo de Acorde de TRIADA	Tipo de Acorde de SEPTIMA	Ejemplo en la tonalidad de La(A) Eólico
i menor	i menor 7 (extensiones 9, 11, b13)	La(A) menor 7
ii menor b5	ii menor 7b5 (extensiones b9, 11, b13)	Si(B) menor 7b5
bIII mayor	III mayor 7 (extensiones 9, 11, 13)	Do(C) mayor 7
iv menor	iv menor 7 (extensiones 9, 11, 13)	Re(D) menor 7
v menor	v menor 7 (extensiones b9, 11, b13)	Mi(E) menor 7
bVI mayor	bVI mayor7 (extensiones 9, #11, 13)	Fa(F) mayor 7
bVII mayor	bVII 7 (extensiones 9, 11, 13)	Sol7 (G7)

Observa que los acordes i, iv y v, que son importantes y además definen la tonalidad; son todos menores. Esto le da una cualidad oscura al modo.

Una progresión de acordes que incluye un giro al acorde bVI (mayor) es típicamente Eólica.

A menudo el acorde bVII se toca como una sencilla tríada mayor y no como un dominante 7, debido a que la tensión adicional tira de la progresión de acordes con fuerza hacia la tonalidad relativa mayor, (en este caso Do(C) mayor).

Progresiones De Acordes Típicas En Eólico

Ejemplo 16b:

Ejemplo 16c:

Ejemplo 16d:

5 Licks Eólicos Útiles

Todos ellos se incluyen como ejemplos de audio y la pista de acompañamiento de Eólico ha sido amablemente proporcionada por **Quist**.

Ejemplo 16e:

Ejemplo 16f:

Ejemplo 16g:

Ejemplo 16h:

Ejemplo 16i:

Enfoques Para Hacer Solos En El Modo Eólico

La siguiente sección analiza el modo Eólico en varios enfoques diferentes para hacer solos; desde hacer solos con intervalos de 2 notas, hasta las 5 escalas pentatónicas menores que existen en diversos grados de la escala. Mediante el estudio de estas ideas vas a aumentar tu fluidez de improvisación, a la vez que aseguras importantes conceptos teóricos.

Intervalos De 2 Notas

Ejemplo 16j:

A Aeolian in 3rds

Ejemplo 16k:

A Aeolian in 4ths

Ejemplo 16l:

La(A) Eólica en 5tas

A Aeolian in 5ths

Ejemplo 16m:

A Aeolian in 6ths

Ejemplo 16n:

A Aeolian in 7ths

Si bien todas estas opciones de intervalos suenan bien, yo tiendo a tocar muchas de las ideas en torno a **3ras y 4tas**.

Tríadas De 3 Notas

Cuando formamos tríadas en cada grado del modo Eólico, se presentan las siguientes oportunidades para los solos:

Grado de Escala	Tríadas de 3 Notas construidas en Eólico	Intervalos contra la Tónica
1	i menor	1, b3, 5
2	ii menor b5	9, 11, b13
b3	bIII mayor	b3, 5, b7
4	iv menor	11, b13, 1
5	v menor	5, b7, 9
b6	bVI mayor	b13, 1, b3
b7	bVII mayor	b7, 9, 11

Cada tríada individual, cuando se toca de forma aislada impone un conjunto diferente de extensiones sobre el centro tonal. Se muestran patrones de una y dos octavas en los siguientes ejemplos junto con las extensiones que forman contra la tónica.

Ejemplo 16o:

A minor (1 b3 5)   B diminished (9 11 b13)   C Major (b3 5 b7)   D minor (11 b13 1)

E minor (5 b7 9)   F Major (b13 1 b3)   G Major (b7 9 11)

Ejemplo 16p:

Hay un montón de buenas opciones aquí, pero sugeriría que inicies tocando una **tríada mayor en el b6**, **(Fa mayor sobre La) (1, b3, b13).**

Arpegios De 4 Notas

Los arpegios derivados de cada tono de la escala son los siguientes:

Grado de Escala	Arpegios de 4 Notas construidos en Eólico	Intervalos contra la Tónica
1	i menor 7	1, b3, 5, b7
2	ii menor 7b5	9, 11, b13, 1
b3	III mayor 7	b3, 5, b7, 9
4	iv menor 7	11, b13, 1, b3
5	v menor 7	5, b7, 9, 11
b6	bVI mayor7	b13, 1, b3, 5
b7	bVII 7	b7, 9, 11, b13

Ejemplo 16q:

Am7 (1 b3 5 b7)   Bm7b5 (9 11 b13 1)   Cmaj7 (b3 5 b7 9)   Dm7 (11 b13 1 b3)

Em7 (5 b7 9 11)   Fmaj7 (b13 1 b3 5)   G7 (b7 9 11 b13)

Dos muy buenos arpegios que puedes utilizar para esbozar la tonalidad Eólica son

Arpegio de 7ma mayor en el b3 (Do(C) mayor 7 sobre La(A)) (b3, 5, b7, 9).

Arpegio de 7ma menor en la 4ta/11va (Re(D) menor 7 sobre La(A)) (1, b3, 11, b13).

Escalas Pentatónicas De 5 Notas

Las escalas pentatónicas menores se pueden formar en la tónica, la 4ta/11va y la 5ta del modo Eólico y se muestran aquí.

Ejemplo 16r: Pentatónica menor en 1:

A Aeolian
Min Pent on 1

A minor Pentatonic over A Aeolian

Intervalos tocados contra la tónica de Eólico: **1, b3, 4, 5, b7.**

Ejemplo 16s: Pentatónica menor en 11/4:

A Aeolian
Min Pent on 11

D minor Pentatonic over A Aeolian

Intervalos tocados contra la tónica de Eólico: **1, b3, b7, 11, b13.**

Ejemplo 16t: Pentatónica menor en 5:

A Aeolian
Min Pent on 5

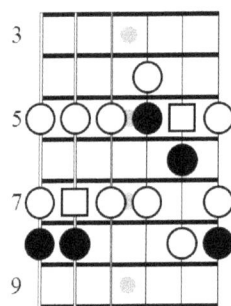

E minor Pentatonic over A Aeolian

Intervalos tocados contra la tónica de Eólico: **1, 5, b7, 9, 11.**

Tocar escalas pentatónicas menores desde la 4ta y 5ta son dos buenas opciones.

Resumen De Primeras Opciones Para Solos En El Modo Eólico

Escala Padre: Eólica.

Intervalos: 3ras y 4tas.

Tríada: Tríada mayor en b6.

Arpegio: Arpegio de 7ma mayor en el b3 / Arpegio de 7ma menor en la 4ta.

Pentatónico: Pentatónica menor en 4 y 5.

Locrio

El Locrio es un modo usado muy rara vez (léase "nunca") en la música pop y rock, aunque es bastante común en el jazz[1]. En el jazz, se toca casi exclusivamente sobre acordes menores 7b5. A medida que el acorde tónico (i) en Locrio se armoniza para convertirse en un acorde menor 7b5, el modo puede sonar muy oscuro y sin resolver. El Locrio puro como centro tónico para los solos también es bastante inusual, - se le puede oír de vez en cuando, pero generalmente se implica mediante la combinación de una escala Frigia con una nota "blues" b5.

Fórmula y Armonización

La fórmula para el modo de Locrio es

1 b2 b3 4 b5 b6 b7

(Todas las notas se bemolizan excepto la IV)

Se toca así en la tonalidad de La(A):

Ejemplo 17a:

A Locrian

El acorde resaltado es un La menor 7b5 (Am7b5).

---

[1] Si tienes alguna sugerencia de una canción de rock, o solo, que use únicamente el modo Locrio, por favor envíame un mensaje.

Cuando se armoniza, el modo Locrio genera la siguiente secuencia de acordes:

Tipo de Acorde de TRIADA	Tipo de Acorde de SEPTIMA	Ejemplo en la Tonalidad de La(A) Locrio
i menor b5	i menor 7b5 (extensiones b9, 11, b13)	La(A) menor 7b5
bII mayor	bII mayor 7 (extensiones 9, 11, 13)	Sib(Bb) mayor 7
biii menor	biii menor 7 (extensiones 9, 11, 13)	Do(C) menor 7
iv menor	iv menor 7 (extensiones b9, 11, b13)	Re(D) menor 7
bV mayor	bV mayor7 (extensiones 9, #11, 13)	Mib(Eb) mayor 7
bVI mayor	bVI 7 (extensiones 9, 11, 13)	Fa7(F7)
bvii menor	bvii menor 7 (extensiones 9, 11, b13)	Sol(G) menor 7

El Locrio *no* tiene un 5to grado natural. El movimiento de V a I en la música es generalmente muy importante para estabilizar un centro tonal, por lo que el hecho mismo de que no está presente en el modo Locrio nos ayuda a entender por qué este modo es tan inestable.

Progresiones de Acordes Típicas En Locrio

Debido a su rareza no hay tal cosa como una progresión de acordes *típica* en Locrio, sin embargo, si tuviera que escribir una, sin duda tomaría el enfoque de la utilización de *estructuras de acordes superiores* sobre una nota de bajo (acordes de barra inclinada) para implicar la modalidad de forma tan aceptable como fuera posible. En su forma más simple, este enfoque consiste en tomar tríadas mayores o menores, o acordes de 7ma de la escala armonizada y tocarlos sobre una nota estática de bajo (normalmente la *tónica* de la tonalidad correspondiente).

Ejemplo 17b:

Ejemplo 17c:

Para un ambiente más "metal", puedes utilizar acordes de quinta (power chords), pero observa que el acorde I se toca con un b5, en lugar de un 5 natural para un sonido Locrio más "puro".

Ejemplo 17d:

5 Licks Locrios Útiles

Estos licks están incluidos como ejemplos de audio y la pista de acompañamiento de Locrio ha sido amablemente proporcionada por **Quist**.

Ejemplo 17e:

Ejemplo 17f:

Ejemplo 17g:

Ejemplo 17h:

Ejemplo 17i:

Enfoques Para Hacer Solos En El Modo Locrio

Una vez más, mediante la extracción de intervalos individuales, tríadas, arpegios y escalas pentatónicas del modo Locrio, podemos apuntarle a grados específicos de la escala y en verdad, lograr perfilar el sonido Locrio articuladamente.

Intervalos De 2 Notas

Ejemplo 17j:

A Locrian in 3rds

Ejemplo 17k:

A Locrian in 4ths

Ejemplo 17l:

A Locrian in 5ths

Ejemplo 17m:

A Locrian in 6ths

Ejemplo 17n:

A Locrian in 7ths

Debido a su naturaleza oscura, no hay malas opciones aquí. Usa tus oídos y experimenta. Yo tiendo a apegarme a las 3ras y 4tas.

Tríadas De 3 Notas

Cuando se armoniza cada nota del modo Locrio al nivel de tríada, se crea la siguiente secuencia de permutaciones:

Grado de Escala	Tríadas de 3 Notas Construidas en Locrio	Intervalos Contra la Tónica
1	i menor b5	1, b3, b5
b2	bII Mayor	b9, 11, b13
b3	biii menor	b3, b5, b7
4	iv menor	11, b13, 1
b5	bV Mayor	b5, b7, b9
b6	bVI Mayor	b13, 1, b3
b7	bvii menor	b7, b9, 11

Se muestran aquí con los grados de la escala Locria a las que dan acceso.

Ejemplo 17o:

A diminished (1 b3 b5)   Bb Major (b9 11 b13)   C minor (b3 b5 b7)   D minor (11 b13 1)

Eb Major (b5 b7 b9)   F major (b13 1 b3)   G minor (b7 b9 11)

Ejemplo 17p:

Como cualquier progresión de acordes en Locrio va a ser bastante oscura de todos modos, es posible optar por dejar que la armonía haga parte del trabajo por ti y ceñirse a los tonos de acorde relativamente "seguros". Tocar una tríada menor desde el b3 (Do(C) menor sobre La(A)) te daría un conjunto bastante seguro de tonos de acorde (b3, b5, b7) pero algunas buenas opciones para enfatizar en la oscuridad del modo sería

Tríada mayor en el b5 (Mib mayor sobre La) (b5, b7, b9).

Tríada menor en el b7 (Sol menor sobre La) (b7, b9, 11).

Arpegios De 4 Notas

Al extender las tríadas construidas en cada grado de la escala a arpegios de 4 notas se generan las siguientes posibilidades para solos:

Grado de Escala	Arpegios de 4 Notas Construidos en Locrio	Intervalos contra la Tónica
1	i menor 7b5	1, b3, b5, b7
b2	bII mayor 7	b9, 11, b13, 1
b3	biii menor 7	b3, b5, b7, b9
4	iv menor 7	11, b13, 1, b3
b5	bV mayor7	b5, b7, b9, 11
b6	bVI 7	b13, 1, b3, b5
b7	bvii menor 7	b7, b9, 11, b13

Sobre dos octavas se pueden tocar de la siguiente manera: **Ejemplo 17q:**

Una vez más, con Locrio, puedes optar por ir a lo seguro y apegarte a un arpegio que está constituido principalmente por tonos de acorde del centro tónico. Por ejemplo, al tocar un **arpegio menor 7 desde el b3 (Do(C) menor 7 sobre La(A))** te da 3 tonos de acorde, b3, b5, b7, y uno de los grados de escala típicamente "Locrio", el b9. Si deseas resaltar las extensiones más oscuras, tal vez te guste el sonido de un **arpegio menor 7 en el b7 (Sol(G) menor 7 sobre La(A) (b7, b9, 11, b13).**

Escalas Pentatónicas De 5 Notas

Las escalas pentatónicas menores pueden ser construidas en el b3, b7 y el 11 del modo Locrio. A menudo son mi primera opción para los solos en Locrio ya que me ayudan a construir fuertes ideas melódicas sobre la armonía sin resolver.

Las escalas pentatónicas menores recogen cinco notas de cualquier modo, por lo que casi por definición, obtendrás más del "verdadero" sonido Locrio en tu interpretación.

Tocar una pentatónica menor en el b3 resalta los grados de escala **b3, b5, b7, b9, b13**. Creo que esta es una buena opción porque se adhiere estrechamente al arpegio tónico m7b5 y añade sólo otros dos tonos de la escala Locria. En este caso estamos tocando Do(C) pentatónica menor sobre La(A).

Se puede tocar de la siguiente manera, sin embargo, es posible que quieras tocar otra digitación de Do(C) pentatónica menor con la que te sientas muy cómodo con el fin de mantenerte musical mientras pruebas estas ideas.

Ejemplo 17r: Pentatónico menor en b3:

A Locrian
Min Pent on b3

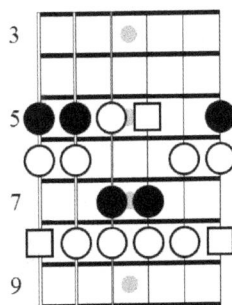

C minor Pentatonic over A Locrian

Tocar una escala pentatónica menor desde el b7 le apunta a los grados de escala b3, b5, b7, b9 y 11. Esto también funciona bien.

Ejemplo 17s: Pentatónico menor en b7:

A Locrian
Min Pent on b7

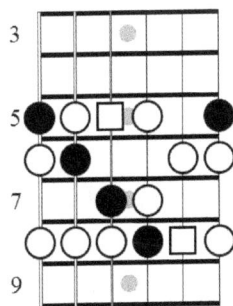

G minor Pentatonic over A Locrian

Por último, una escala pentatónica menor en el 11/4 le apunta a los intervalos **1, b3, b7, 11, b13.**

Ejemplo 17t: Pentatónico menor en 11/4

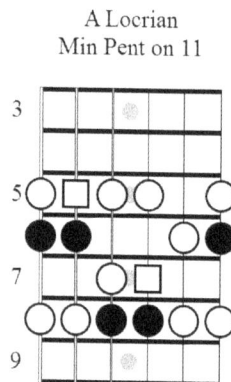

A Locrian
Min Pent on 11

D minor Pentatonic over A Locrian

Resumen De Primeras Opciones Para Solos En El Modo Locrio

Es difícil dar primeras opciones para el modo Locrio. La armonía es tan inestable que mi mejor consejo es intentar todo y si algo te gusta, apégate a eso. Para completar, mis primeras opciones son:

Escala Padre: Locrio.

Intervalos: 3ras y 4tas.

Tríadas: Tríada mayor en el b5 / Tríada menor en el b7.

Arpegio: Arpegio menor 7 en el b7.

Pentatónico: Pentatónico menor en b3 y b7.

Conclusiones Y Tips Prácticos

Hay una gran cantidad de información conceptual en este libro que he tratado de hacer práctica con ejemplos específicos y licks. Sin embargo, la única manera de comenzar a interiorizar esta información es tocando.

Empieza de a poco, eligiendo sólo un modo con el que te gustaría experimentar. Recomiendo Dórico o Mixolidio si eres nuevo en estas ideas. Aprende los licks del libro e improvisa sobre las pistas de acompañamiento antes de abordar cualquiera de los enfoques teóricos.

Cuando te sientas cómodo, y estés haciendo melodías con la escala sobre una pista de acompañamiento, trata de experimentar con las primeras opciones de patrones de intervalos que sugiero. Quédate con estos intervalos durante unas semanas y luego pasa a las ideas pentatónicas antes de finalmente aislar los enfoques de la tríadas y arpegios individuales.

Lo importante es escuchar los diferentes sonidos que cada enfoque conceptual generará. Te sorprenderás de cómo las texturas de tus solos van a cambiar con cada enfoque diferente. Incluso en algunos de los modos "comunes" como el Dórico, un enfoque de intervalos amplio es atractivo y sonará muy diferente que, por ejemplo, un enfoque pentatónico.

También puedes tener enfoques preferidos que sean diferentes a los míos. Eso está muy bien y es lo que nos diferencia como músicos.

Una idea práctica útil es tomar un solo concepto, por ejemplo, tocar el arpegio diatónico desde la 3ra de una escala y, literalmente, *escribir* diez licks con solo esa idea. ¿Cómo se puede combinar este enfoque de arpegio con otras notas de la escala para crear una línea musical cohesiva? Cuando hayas hecho esto, intenta aislar dos arpegios sobre una pista de acompañamiento y luego trata de moverte entre ellos musicalmente. Las posibilidades son infinitas, pero concéntrate en una idea pequeña a la vez.

Es importante experimentar con el ritmo también. Hay miles de diferentes maneras de abordar tan sólo tres notas. Una vez más, toma un concepto y trata de tocarlo en diferentes ritmos y en diferentes posiciones en la guitarra. Vas a encontrar tus enfoques propios y únicos.

Lo importante es no abarcar demasiado y sin profundidad en tus estudios, y no pensar que tienes que hacer *todo* en *todos* los modos. Realmente es mejor tocar dos o tres ideas bien, en lugar de veinte tres ideas mal.

Realmente espero que las ideas de este libro ayuden a inspirar tus improvisaciones en formas nuevas y emocionantes. Ve despacio y diviértete.

Joseph.

Otros Libros De Fundamental Changes

Guía Completa Para Tocar Guitarra Blues Libro 1: Guitarra Rítmica

Guía Completa Para Tocar Guitarra Blues Libro 2: Fraseo Melódico

Guía Completa Para Tocar Guitarra Blues Libro 3: Más Allá De Los Pentatónicos

Guía Completa Para Tocar Guitarra Blues Compilación

El Sistema CAGED Y 100 Licks Para Guitarra Blues

Cambios Fundamentales En Guitarra Jazz: ii V I Mayor

Dominio del ii V Menor Para Guitarra Jazz

Solos De Jazz Blues Para Guitarra

Escalas De Guitarra En Contexto

Acordes De Guitarra En Contexto

Dominio De Los Acordes En Guitarra Jazz (Acordes De Guitarra En Contexto Segunda Parte)

Técnica Completa Para Guitarra Moderna

Dominio De La Guitarra Funk

Teoría, Técnica Y Escalas Compilación Completa Para Guitarra

Dominio De La Lectura A Primera Vista Para Guitarra

El Sistema CAGED Y 100 Licks Para Guitarra Rock

Guía Práctica De La Teoría Musical Moderna Para Guitarristas

Lecciones De Guitarra Para Principiantes: Guía Esencial

Solos En Tonos De Acorde Para Guitarra Jazz

Guitarra Rítmica En El Heavy Metal

Guitarra Líder En El Heavy Metal

Solos Pentatónicos Exóticos Para Guitarra

Continuidad Armónica En Guitarra Jazz

Solos En Jazz Compilación Completa

Compilación De Acordes Para Guitarra Jazz

Fingerstyle Para Guitarra Blues